碳中和科技创新与发展研究前沿丛书

建筑节能改造
智能决策模型及方法研究

马丁媛◎著

中国建筑工业出版社

图书在版编目（CIP）数据

建筑节能改造智能决策模型及方法研究 / 马丁媛著.
北京：中国建筑工业出版社, 2025.7. -- (碳中和科技
创新与发展研究前沿丛书). -- ISBN 978-7-112-31220
-7

Ⅰ. F426.9

中国国家版本馆 CIP 数据核字第 20253PW392 号

责任编辑：冯之倩
责任校对：张　颖

碳中和科技创新与发展研究前沿丛书
建筑节能改造智能决策模型及方法研究
马丁媛　著
*
中国建筑工业出版社出版、发行（北京海淀三里河路 9 号）
各地新华书店、建筑书店经销
国排高科（北京）人工智能科技有限公司制版
建工社（河北）印刷有限公司印刷
*
开本：787 毫米×1092 毫米　1/16　印张：9¼　字数：158 千字
2025 年 7 月第一版　　2025 年 7 月第一次印刷
定价：**58.00** 元
ISBN 978-7-112-31220-7
（45234）

FOREWORD | 前　言

　　我国既有建筑存量大且能耗高，既有建筑节能改造正在成为建筑部门应对气候变化实现碳减排的主要领域。既有建筑节能改造决策是由建筑群的改造规划到建筑单体改造策略确定的，对节能减排效果具有重要影响。但其决策过程呈现出经验知识驱动、多阶段场景递进、多重条件属性及多决策目标约束的半结构化复杂决策问题的特征，目前尚缺乏针对上述特点的系统深入研究。

　　为构建符合既有建筑节能改造复杂特点的决策模型，提高改造决策效率效果，本研究的主要工作和成果包括：①引入了基于知识挖掘的智能决策方法，围绕既有建筑节能改造的知识需求和多阶段决策特征，构建了"从单体到组合，从静态到动态"的既有建筑节能改造智能决策模型；②构建了包含 301 个优秀既有建筑节能改造方案和 167 个新建绿色建筑节能方案的案例库，比较分析了多机器学习算法的特征重要性和样本贡献度，提出了基于增强决策树（XGboost）算法和随机森林算法（RF）的可支持建筑单体改造方案决策方法；③构建了以建筑单体改造策略为条件变量，以改造总面积、改造总成本及改造标准等为决策目标约束的既有建筑组合决策框架，提出了与建筑单体决策协调整合的可支持建筑组合改造规划决策方法；④整合节能改造长周期影响的气候变化因素，提出了可支持气温特征数据变化的既有建筑动态决策方法，通过动静态比较明确了气候变化对决策的影响；⑤开展了建筑单体和组合的改造决策支持模型验证研究，明确了决策支持的有效性和决策结果差异的原因。

　　本研究的主要结论包括：①多机器学习算法比较分析表明，基于 XGboost 算法的建筑单体改造策略决策方法的围护结构改造和暖通空调系统改造的预测准确率分别达到 76.92%、73.63%，表现最优，基于 RF 算法的建筑可再生能源利用的预测概率较为稳定，且基于 CBR 算法的建筑可再生能源利用的经验知识挖掘模型可以给出改造参考的相似度；②基于寒冷地区的多办公建筑案例组合的节能改造决策应用表明，所建立的建筑组合改造规划决策方法可支持针对不同改造总面积目标输出符合标准要求的改造总成本最低的差异化改造规划方案；③基于案例库全样本的动静态比较及典型案例分析表明，整合气候因素对围护结构改造、供暖改造、制冷改造、可再生能源利用等决策结果具有影响，所建立的动态决策方法可为适应气候变化的改造措施制定提供有效支持。

本研究对系统深化既有建筑改造决策方法，推动可持续决策理论方法的发展具有理论价值，对与多阶段决策过程和气候变化协调适应的既有建筑节能改造决策支持系统开发、提升决策效率具有实践价值。所提出的模型和案例库可为其他决策问题提供技术支持，亦可为建筑改造规划和政策制定提供参考。

感谢北京建筑大学中国式城乡现代化研究院，北京建筑大学城市经济与管理学院和中铁二十三局集团第一工程有限公司对本书的资助。

CONTENTS | 目 录

第1章

绪　　论

建筑节能改造
智能决策模型及方法研究

1.1 研究背景及意义

（1）既有建筑节能改造决策是我国建筑部门实现节能减排目标的关键任务

根据国家统计局数据，我国新建建筑面积增速从 2014 年开始放缓，截至 2023 年底，我国城镇人均住房建筑面积已超过 40m²。虽然既有建筑存量较大，人房矛盾问题有所缓解，但其中大量建于 20 世纪 90 年代及 21 世纪初期的建筑能耗高、设施老旧，不符合建筑高质量发展要求，不利于实现节能减排目标。当前，我国城市建设已由大规模增量建设转为存量提质改造和增量结构调整并重。存量提质改造包括结构加固改造、节能改造、综合管廊改造、适老化改造等。结构加固主要满足建筑安全性需求，综合管廊和适老化改造主要满足业主的功能性需求，其对节能减排影响效果较为有限。而既有建筑节能改造作为我国"双碳"目标实现的重要抓手，是目前建筑存量改造工程中基础且重点的任务，具有较大的节能减排潜力。自 2006 年（"十一五"计划）开始，我国已经在各阶段提出并超额完成了既有建筑节能改造总面积目标，我国计划到 2025 年完成既有建筑节能改造面积 3.5 亿 m² 以上。目前，既有建筑节能改造面临技术选择难度大、改造效果不理想、成本较高等问题，而既有建筑改造的前期决策直接关系到改造的效果和成本。因此，对建筑存量进行合理的改造规划和改造策略选择是我国实现节能减排目标的关键任务之一。

（2）既有建筑节能改造是一个涉及多阶段场景递进、多重条件属性及多个目标约束的复杂决策问题

第一，既有建筑节能改造决策问题具有多阶段递进的决策过程特征。既有建筑节能改造决策具体可按决策过程分为确定建筑存量（多建筑单体）的改造规划与确定建筑单体的改造策略。既有建筑节能改造活动通常由政府部门牵头，通过制定改造总目标规划和改造激励政策来推动改造活动的实施。在改造活动初期，政府、机构、物业或大业主往往会对建筑存量（多建筑单体）进行成片、成区域的改造规划确定，即决定建筑存量中哪几栋建筑需要进行改造以满足改造总面积目标，这也就是既有建筑节能改造的第一阶段决策。由于既有建筑节能改造需要资金投入，在资金限制下，一次性的大规模节能改造存在较大困难，并不是所有亟需改造的建筑都可以纳入改造计划，需要选择合适的建筑组合进行改造。当前阶段的改造规划选择并没有明确的决策依据或标准参考，常通过项目申报顺序或项目所在片区确定，项目改造整体效果尚未纳入考量。随后，根据已确定的既有建筑节能改造规划，结合相关的改造技术标准规范，如设计图集《既有建筑节能改造》16J908-7、《公共建筑节能设计标准》GB 50189—2015 等，由专家或技术人员结合经验确定进行改造的建筑单体改造策略，即围护结构、暖通空调系统等采用哪些改造策略，例如围护结构增加保温层、提高暖通空调系统能效比等。

第二，既有建筑节能改造决策问题有特定的条件属性需要明确。决策条件属性是对决策问题特征的描述，不同决策问题的条件属性不同。目前已有针对新建建筑的决策条件属性的研究，从建筑全生命周期的角度分析发现，新建阶段和改造阶段的决策条件属性并不完全相同。同一栋建筑一般会经历新建和改造两个阶段，由于两个阶段的决策始点不一致，易导致决策条件属性出现差异。具体而言，新建建筑的决策条件属性通常为规划设计阶段已知的建筑层数、建筑类型等基本信息，而既有建筑节能改造的决策条件属性是在规划设计阶段已知信息的基础上，增加了新建建筑的决策变量（一般为围护结构、暖通空调系统的做法）。这种差异从根本上影响了对决策问题的描述、决策方法的选择以及决策变量和目标的确定。因此，有必要针对既有建筑节能改造问题特点确定合适的决策条件属性。此外，既有建筑节能改造活动对建筑能耗的影响具有长周期性，是否考虑纳入具有动态性的条件属性也是一个关键问题。在以往研究确定的改造活动决策属性中，气候条件是随着时间变化且对建筑用能影响较大的因素。具体而言，气温数据会随着时间变动，而建筑内外温差又直接影响建筑围护结构散热和暖通空调的工作负荷。在以往建筑能耗研究中，气候条件通常根据《建筑气候区划标准》GB 50178—1993 用严寒、寒冷、夏热冬冷等 5 种类型来分类表示。这种表示方法可以突出不同气候区的建筑用能特点，但根据气候区进行分类较为笼统，实际气候条件（如气温数据）是动态变化的。已有研究表明，气候变化会在较长时间段内影响建筑能耗，分类数据无法观测气候条件数据随时间的变化对改造的影响。因此，建筑节能改造决策不仅要考虑特定的条件属性，还需要探索长周期下的动态条件属性对既有建筑节能改造决策的影响，以进一步指导改造决策来适应气候变化。

第三，既有建筑节能改造决策受到多个相互冲突的目标约束。首先，既有建筑节能改造需要考虑节能标准规范要求，比如围护结构热工性能（传热系数）和暖通空调系统能效比（Coefficient of Performance，COP）等指标，这也是建筑节能改造活动的根本目的。如果过分追求节能指标，要求提高围护结构的保温隔热性能和暖通空调系统的运行效率，又会造成既有建筑节能改造活动成本较大，而一般的改造活动还受资金限制，改造总成本要求尽可能小。其次，既有建筑节能改造总面积目标要满足规划要求，这就造成了建筑单体改造节能效果、改造单体成本、改造总成本以及改造总面积这些相互冲突的目标之间的权衡取舍问题。在实践中，针对建筑组合改造决策尚未形成完整的约束权衡模型，仅依赖技术人员经验知识进行取舍难以保障改造整体决策的效率效果。因此，利用建筑单体改造策略、建筑组合改造总成本以及建筑改造总目标进行目标建模，输出目标约束下的合理建筑改造组合及策略是提升改造决策效率效果的关键。

（3）整合利用知识挖掘技术与目标优化方法，是解决具有多个目标半结构化问题的重点研究方向

既有建筑节能改造问题具有典型的半结构化决策特征。由于既有建筑节能改造决策问题的复杂性，既有建筑节能改造决策不仅需要依据标准规范、建筑材料热工性能、暖通空调能效比指标等领域规则知识，还需要技术人员依据自身经验知识结合多重条件属性进行多个目标之间的权衡。在实践中这部分决策过程往往通过技术人员的反复论证进行规划确定和改造策略比选，这一过程目前尚未有明确的结构化标准规范可以遵循，更多依赖技术人员的经验知识，怎么对隐含在以往决策案例中的经验知识进行挖掘并指导改造决策是解决该问题的重点任务。

目前，虽然已有研究尝试解决既有建筑节能改造决策问题，但多集中于利用结构化数学模型对多个目标约束下的可行解进行优化计算或利用枚举算法穷尽所有可能解。这些方法很好地从结构化问题的角度提高了既有建筑节能改造的决策效率，但忽略了既有建筑节能改造问题的半结构化特征，没有考虑到技术人员自身的经验知识在确定改造规划和改造策略中的重要性。虽然经验知识不易表达和重用，但已经被验证节能效果优秀的建筑节能改造案例可以在一定程度上反映决策者的优秀经验，对其进行挖掘可以为节能改造决策提供参考。随着知识挖掘技术的广泛应用，也有一些研究尝试利用案例推理（Case-Based Reasoning，CBR）输出改造策略建议，有效验证了知识挖掘技术在建筑改造方案决策中的可用性，其前提为建筑单体"一定发生改造"，研究成果为建筑单体改造策略决策提供了参考，但并没有针对建筑群（多建筑单体）改造规划阶段的改造总成本、改造总面积等目标进行权衡。因此，为了符合建筑单体改造策略和建筑组合改造规划多场景递进的决策特征，提高既有建筑节能改造的效率效果，有必要引入基于知识挖掘的智能决策方法，整合集成改造决策目标约束的目标优化方法，以全面解决既有建筑节能改造多个目标约束的半结构化复杂决策问题。

1.2 国内外研究现状

1.2.1 基于知识挖掘的决策支持研究

（1）针对结构化决策问题，以数理优化方法和优化算法工具为主

以往研究中对于结构化决策问题的支持模型研究较多，以传统的数理优化方法为主。最早的研究主要是利用加权求解法、线性规划等传统的数理关系进行目标权衡，通过求非裂解或者最优解的方式进行决策支持。其中，加权求解法是目标决策中求非裂解的基础方法，该方法可以根据权重相加方式的不同分为加权和法和加权积法。决策指标权重确定的方法包括：相对比较法、连环比率法、熵值法、专家咨询法、层次分析法等。这些研究将多个目标约束问题通过加权等方式转化为综合评价指标值来进行选优，操作简单但有一定的局限性，存在一定的主观性且无法进行多个目标之间更有效的权衡。线性规划是目标决策方法中发展最早、相对成熟且最常用的方法，其主要是用来研究约束条件下线性目标函数的极值问题的理论和方法。目前在既有建筑节能改造的相关研究中，20 世纪 90 年代和 21 世纪初的研究多数会采用线性规划的方法来解决节能改造决策问题，其原因是该阶段优化算法并没有发展得十分成熟，线性规划方法是解决目标决策问题的最佳选择。在线性规划相关方法中，混合整数线性规划被广泛应用。线性规划法在既有建筑节能改造相关研究中也有一些应用，有研究指出既有建筑节能改造的规划问题可以很好地描述成一个混合整数线性规划问题。除此之外，还有研究应用多阶段线性规划法进行改造决策，如有研究利用两阶段整数规划模型，通过第一个模型考虑了节能和改造的优化策略，利用第二个模型找到使业主损失最小化的改造策略，根据结果，业主可以节约 30%～40%的预算。除此之外，逼近理

想解的排序法（Technique for Order Preference by Similarity to Ideal Solution，TOPSIS）在既有建筑改造决策的研究中也有应用。TOPSIS属于极值数理方法中的一种，其是借助最优理想解和最裂负理想解给出各种备选方案的排序。有研究利用TOPSIS和云模型的方法对既有建筑进行了改造方案评估，并根据目标确定了改造的最佳方案。

随着计算机技术的发展，优化算法在解决决策问题，特别是多目标、多属性决策问题中的价值日益凸显。当改造备选技术方案较多时，优化算法就发挥了优势，可以进行迭代并自动找到帕累托最优。智能优化算法已经在多领域进行了广泛应用，包括医学诊疗、交通规划、物流管理、建筑布局设计等。在建筑改造方面应用的算法有遗传算法、进化算法、声搜索算法、元启发式算法等，其中遗传算法（Genetic Algorithm，GA）被广泛应用。有研究利用遗传算法，以意大利罗马的一栋既有建筑为例进行了节能改造方案优化，结果表明，该方法可以降低能源需求与改造投资。还有一些文章通过比较不同算法在既有建筑节能改造具体决策问题上的应用效果，选择了合适的优化算法。如有研究曾通过对不同进化算法在既有公共建筑节能改造决策中的表现，比较说明了第三代非支配排序遗传算法（NSGA-Ⅲ）可以在不同改造情景下选择更合适且满足改造利益相关者需求的改造方案。此外，也有研究利用已有的优化工具和平台对节能改造方案进行优化。也有研究尝试利用GenOpt优化平台、TRNSYS能耗模拟软件以及Matlab程序实现平台建立了既有建筑改造决策的目标优化模型。以上方法可以很好地解决结构化问题，但是其在决策支持的过程中更多是进行结果的数学优化，很少关注经验知识。

（2）针对半结构化决策问题，发展了基于人工智能的知识挖掘技术

在实践过程中，很多决策问题并不是可以完全描述成一个结构化问题，而且仅利用数学优化模型是无法解决的，需要依赖经验知识，这部分决策问题被定义为半结构化决策问题。知识挖掘是知识经济时代涌现出来的解决半结构化决策问题最新的管理思想与方法，它融合了现代信息技术、知识经济理论、企业管理思想和现代管理理念，其目的就是可以更好地利用知识来帮助企业获得更大的价值。根据《哈佛商业评论》，从最初德鲁克发现新型组织的出现，到斯威博在书中第一次提到"知识管理"，再到野中郁次郎强调知识是一种宝贵且有价值的资产，

知识及知识管理被人们逐渐熟知，并且在19世纪90年代它被认为是一门学科，人们不仅关注个人知识管理也更加关注组织知识管理。更有研究表明，有关知识的管理可以提高决策的效率和效果，对于一个组织来说，其可以很大程度上提高组织的竞争力。知识管理的过程包括知识获取、知识共享、知识创新和知识应用，对组织内部和组织外部的知识进行发掘、整理和利用。

目前，知识挖掘已经被广泛应用在各个领域，包括医学诊断、企业管理、农业管理、防火应急、建筑投标决策、金融风险决策等知识密集型领域。将领域知识进行管理在一定程度上有利于知识的共享和重用，减少知识传播和学习成本，提高领域问题的决策效率。人工智能被认为是知识挖掘中比较成熟的技术，包括关联规则、数据驱动算法、人工神经网络、支持向量机、XGBoost算法和案例推理等。如有研究提出了一种基于机器学习算法的贷款智能承保系统，该系统主要从信贷数据中挖掘知识支持决策；类似地，也有研究提出了一种基于人工智能进行知识挖掘对急性脑卒中进行判断的模型。这些研究证明了基于人工智能技术的知识挖掘模型可以为决策提供有效信息。基于人工智能的知识挖掘技术也逐渐在既有建筑节能改造方案决策中应用，根据获取数据的方式可以分为：基于实际历史数据的挖掘判断，包括宏观城市级建筑存量数据挖掘和微观建筑单体设备运行诊断。如有研究利用数据驱动方法，对都柏林城市的建筑存量数据库的特征进行处理，通过确定建筑最佳特征进行评级预测以及与每个评级相关的改造措施，以帮助城市规划者和能源制定者进行大规模改造优化的实施。同样地，还有研究利用数据处理技术对已有的建筑单体历史运行数据进行处理，对不同设备的运行情况进行诊断，从而提出改造的建议。但这些研究对于实际运行数据要求较高，尚无法进行大规模推广。

（3）整合数理优化方法和人工智能技术的决策支持模型被认为是解决半结构化问题较为成功的尝试，已在多个领域成功应用

随着对决策问题的深入研究，为满足不同应用场景、不同决策目标、不同决策属性的复杂的半结构化决策需求，决策支持系统逐渐受到人们的关注，其被认为是解决半结构化问题的一个有效方法。它是以管理科学、运筹学等学科为基础，用计算机仿真实验等手段，综合利用数据模型，通过整合各决策方法满足决策中的各类应用场景来辅助解决半结构化问题的模型。目前，决策支持系统也被用来解决既有建筑节能改造方案选择的问题。如有研究提出了一种基于 web 的决策支持模型，并利用地理信息系统对建筑存量进行建模，从而帮助业主在碳排放和节能目标下选择比较不同的改造方案，辅助业主决策。类似地，也有研究提出了一个基于边际减排成本和帕累托最优的决策支持模型，为利益相关者提供了同时考虑到环境和财务因素的可靠的辅助决策支持选择。这些研究证明了决策支持系统可为既有建筑节能改造方案选择提供参考，并且对于半结构化问题的解决有较好的效果。但是其针对建筑单体这一应用场景，满足多应用场景且支持不同方法间整合连接的决策支持模型仍值得探索。

1.2.2 建筑领域决策支持研究

随着建筑业的发展，很多与知识管理相关的信息技术也在建筑业中被广泛研究，基于人工智能的知识挖掘技术被认为是可以有效提升建筑业发展效率的工具。

（1）基于人工智能的知识挖掘技术目前主要集中在建筑安全风险管理、生产管理等领域

有研究指出，隐性知识在建筑业有关活动和组织中有很重要的价值。知识挖掘技术常被用在建筑业安全与健康管理相关的研究中，包括风险管理、安全管理、坍塌事故避免等；有的知识管理被应用在建筑相关文本的一致性检验中，比如合同冲突自动检查、自动对标等，还有被应用在供应链管理、施工现场管理等。但是有关建筑前期技术方案设计的相关决策等方面应用知识挖掘的研究较少，其原因可能是技术方案设计属于半结构化知识密集型工作，包含的知识复杂，既存在规则知识也存在经验知识，而且对以往的建筑设计方案的获取数量和质量要求高，难度较大。

（2）对应不同的知识形式，有不同的知识挖掘技术，有必要针对特定应用场景探索合适的知识挖掘技术

知识挖掘就是从大量的、不完全的、有噪声的、模糊的、随机的实际应用数据中，提取隐含在其中的、人们事先不知道的、但又是潜在有用的信息和知识的过程，这项技术在知识密集型的建筑业中也常被应用。根据挖掘的对象不同，可

以分为以数据为基础的研究和以案例为基础的研究，其相应也会有不同的技术。

对于数字数据来说，包括离散的、连续的数字，以及可以进行规范化或者模糊化处理的文字、文本和其他类型的数据，最终输入挖掘模型中的数据为可以被计算机识别和处理的规范化的数字型数据。目前数字数据比较常见的处理技术包括关联分析、聚类分析、分类分析、异常分析、特异群组分析和演变分析等。随着人工智能的发展，人工智能技术方法也常用于技术数据的挖掘，比如支持向量机、人工神经网络、随机森林等算法。在实践中，很多数据都可以转化为基础数字数据，这些技术方法已被应用在大多数数据挖掘和知识发现相关的研究中。在建筑业中，利用基础数据挖掘的研究主要有：①通过基础数据挖掘，发现工程目标和不同关键要素之间的联系，从而进一步给出指导建议，比如成本超支、冲突分析、工期延误等；②通过知识挖掘，对不同构配件的性能和房屋性能进行预测，比如混凝土抗压强度预测、仿真模拟等。此外，很多涉及文本的研究和以案例为基础的研究也都是通过进行数字类型数据处理实现的，该部分是知识挖掘技术实现的基础。

对于以案例为挖掘对象的研究，案例推理技术成为常用挖掘手段。对于案例数据，可利用以上两种数据处理和挖掘的方式，将其转化为文本数据和基础数字数据的组合问题。另外还有一种处理方式就是将每一个案例看作一个整体进行挖掘。符合这种处理思路常用的方法就是案例推理，其原理就是以案例数据为基础，综合运用各种技术手段，从案例数据中自动挖掘未知的、潜在有用的知识，提取非显式的关系或其他有意义的模式，揭示数据背后客观世界的本质规律、内在联系和发展趋势，实现知识的自动获取，从而为决策提供依据。目前该方法已经被应用在建筑围护结构设计、既有建筑节能改造决策建议、安全事故管理、建筑成本优化计算等很多方面。但应用案例推理技术也有一些不足，其只能推理出和目标案例较为相似的案例，而输出的结果取决于案例库中对案例结构化表达的程度，很大程度上其输出的决策变量颗粒度较大，对于既有建筑节能改造来说大多为文本形式的改造建议，如果纳入决策支持系统中与其他模型进行连接存在困难。因此，有必要针对既有建筑节能改造决策尝试知识挖掘的新模型和方法。

除此之外，还有一些研究也从模型和方法的角度提出了隐性知识获取和应用模型，如有研究提出来两阶段获取专家知识模型，通过两阶段处理将隐性专家经验知识转化为可重用、易表达的知识；也有研究尝试与BIM技术相结合，通过对

隧道施工相关隐性知识的挖掘和表达，实现对隧道施工的风险识别；或利用基于
地图的知识管理系统，实现知识挖掘与应用模型之间的连接；同样地，有研究利
用动态知识地图对建筑业相关的专家知识进行处理整合，形成决策支持系统。此
外，有研究通过对泰国建筑业中隐性知识应用的研究，说明了利用隐性知识的决
策支持系统有助于整体提高建筑企业的决策效率和竞争力。这些研究从模型方法
的视角为之后将知识挖掘技术整合到决策支持模型中的技术路径实现提供了有
效的参考。

1.2.3　既有建筑节能改造决策相关研究

根据建筑节能设计及既有建筑节能改造技术相关标准规范，如《公共建筑节
能设计标准》GB 50189—2015、《公共建筑节能改造技术规范》JGJ 176—2009 等，
建筑节能可以分为新建节能建筑和既有建筑节能改造。与新建建筑不同，既有建
筑节能改造中建筑朝向、位置、建筑面积、层高、建筑结构等特征基本不变。既
有建筑节能改造主要包括外围护结构、暖通空调系统、照明设备以及给水排水系
统等方面实施的技术手段。建筑项目具有独特性，既有建筑的特点各不相同，其
节能改造方案的选择受到建成年代、气候条件、层高、面积、建筑类型、结构类
型、目前暖通空调系统现状及围护结构保温隔热现状等因素的影响，导致不同的
建筑节能改造的方案不同。本节将从改造方案决策、改造决策对象以及改造决策
条件属性三个方面进行阐述。

（1）改造方案决策

目前，既有建筑节能改造中所考虑到的改造技术，包括考虑单一改造技术、
典型改造技术组合或者全部改造技术及组合。主要改造方案决策模型可以归纳为
如下四种：

1）枚举、遍历、搜索或者迭代所有改造手段及技术组合。目前，很多研究
探索了既有建筑节能改造方案的选择问题，大部分是通过优化算法，比如遗传算
法、粒子群算法等一种或者多种，通过枚举、遍历、搜索或者迭代所有建筑改造
技术组合找出局部最优解或者全局最优解。比如，有研究考虑到经济、环境和社
会性目标，建立了既有建筑节能改造的目标决策模型，并遍历了所有可能的改
造技术组合找到了折中的解决方案。但这种方法的计算量大，需要消耗大量的

时间进行模拟仿真评价。基于此，也有研究提出了基于遗传算法和人工神经网络的目标优化模型，针对定量评价建筑改造工程的技术选择问题，利用人工神经网络评价的快速性，并以一所学校大楼为例，将之前大概需要 75 天解决的问题缩短为 3 天，说明所提出方法的实用性。但这些方法计算量大，对计算机的性能要求极高，受限于计算机的计算效率，该方法在大多数研究中考虑的技术组合有限。

2）根据专家经验判断及建议、文献调研、示范案例确定改造技术方案。这种方法也是多数研究中常用的方法，主要通过专家访谈和设计师经验总结、文献调研归纳、与以往案例比对，选择合适的、常用的技术方案组合。比如，有研究通过将不同的建筑根据特点进行聚类，然后根据专家意见和文献调研，对每一类建筑提出一个或几个可能的备选方案。但利用该方法生成方案高度依赖专家和改造方案设计人员的经验判断，如果应用在决策前期进行大规模的建筑改造方案比较成本较大；如果文献调研归纳不足或者与以往案例比较不到位，并没有充分考虑到目标案例的全部情况，就容易产生节能改造方案效果不理想的结果，比如根据示范项目完全"移植"相应技术，结果产生"水土不服"的情况，能耗不达标。其原因是任何建筑改造方案的有效性都取决于特定的建筑物本身的因素，包括层高、围护结构、暖通空调系统现状、所在气候区等，也不止取决于一项改造措施，有可能是多项改造措施共同交互作用的结果。

3）根据既有建筑能源消费现状判断。通过对建筑物进行能耗诊断，判断目前围护结构情况、设备用能情况以及整体能源消费情况等，并与标准规范相应数值进行对比，提出改造需求和相应的方案。在实际中一般通过能源消费账单和能耗审计结果来对建筑提出改造建议。美国伯克利劳伦斯国家实验室曾提出一个建筑能耗监测模型（The Building Efficiency Targeting Tool for Energy Retrofits，BETTER），通过输入 30 个以上的建筑全年能耗数据，找到建筑能耗的标杆建筑，并将目标建筑能耗情况与标杆建筑能耗进行对比，如能耗过高，输出改造技术方案建议。该方法虽然可以根据实际状态提出改造方案建议，但是对能耗数据要求高，需要既有建筑全年的能耗数据，而且只能找出输入范围内相对优秀的对标建筑，有样本选择带来的随机性。该方法对于能源消费账单数据和能耗审计结果高度依赖，数据要求高，数据大量采集成本大。

4）根据建筑节能相关标准规范比对判断。在实际改造中，多数改造是通过进行改造内容与节能改造相关标准的对比，得出该项是否改造的结论，比如通过对外墙、门窗、屋顶等的热工性能值和相应标准规定的热工性能值进行比对，得出相应围护结构改造的措施。目前大部分针对单一建筑进行节能改造的项目方案确定主要是根据建筑改造标准比对和专家经验判断，但该方法需要大量的人力成本，对于改造前期建筑群（多建筑单体）决策有一定的难度。

目前，对于既有建筑单体节能改造方案决策来说，方案生成过程较大程度上需要依靠专家经验或人工投入，这部分实践环节对于建筑单体来说有较高的准确率和可行性，但对于建筑群决策来说，其实施起来难度较大。因此，有必要尝试利用经验知识挖掘相关技术，提高决策效率，为更复杂的改造决策情景提供支持。

（2）改造决策对象

1）既有建筑节能改造相关研究中，大部分为公共建筑。检索既有建筑节能改造相关文献可以发现，目前无论是方法研究还是案例研究，大部分都会选择公共建筑，比如以办公建筑、医院大型建筑综合体等为例进行相关研究方法说明或者典型案例介绍，因为公共建筑节能涉及的建筑功能类型多，不同功能类型的改造重点完全不同，建筑的独特性在公共建筑中更加凸显，其涉及的关键问题多且复杂，包括规范标准不同、不同功能类型的设备配置不同、不同年代不同结构特点的改造侧重不同、涉及的改造技术范围广等。但在既有建筑节能改造中，居住建筑作为重要的建筑类型不应该被忽略，其也是改造决策活动中重要的部分，在以往的改造总面积目标中不仅有公共建筑也有居住建筑。

2）既有建筑节能改造以建筑单体为主，多建筑组合研究较少。通过对节能改造决策相关研究的梳理，发现决策对象是建筑单体的研究有很多，比如考虑到经济指标和节能指标的办公建筑改造决策、住宅改造决策、校园改造决策等，但是对既有建筑目前考虑到建筑组合或者对于整体建筑存量的改造决策支持模型的研究并不是很多。在实践中，对于政策制定者和建筑拥有者来说，对于建筑组合的决策是不容忽视。因为大部分建筑改造活动最初的决策是从改造规划开始的，改造规划通常是政府或者拥有多个待改造建筑的业主对其进行整体改造哪一栋楼的决策，这一般是城市级或者区域级决策，这个环节对整体改造的效果有至关重要的影响。但目前对于这个环节的决策并没有一个完整的规则。在以往的研究中，也很少有针对这一应用场景的改造决策模型。目前，欧美等国家已经对既有建筑组合的改造决策有了一些研究。有研究建立了决策支持系统，将能源预测技术、经济分析与运筹学相结合，以便帮助业主构建节能改造投资组合的解决方案，该研究以意大利北部的 25 栋建筑为例，说明了该系统的有效性。此外，有研究还提出了基于蒙特卡洛模拟或者贝叶斯建模的方法对建筑改造组合决策进行风险性评价。但是由于不同的建筑所在国家不同，其由于气候区条件不同、设计标准不同、政策不同、所涉及的知识不同等因素，导致已有的欧美等国家针对建筑组合改造决策的模型无法直接应用到我国的既有建筑存量中。

因此，有必要关注涵盖建筑群和建筑单体的两阶段决策问题，有必要考虑既包含公共建筑又包含居住建筑的改造决策支持模型。

（3）改造决策条件属性

1）既有建筑节能改造决策研究均考虑了静态属性，较少关注动态属性。对待改造建筑进行描述是决策问题所必需的关键环节，决策条件属性就是用来描述特定决策问题的变量，而既有建筑的决策条件属性和新建建筑的条件属性是不同的。基于建筑设计任务书中已知信息进行新建建筑的优化设计，其设计决策输出的决策变量可能是既有建筑改造决策模型中的关键条件属性，比如围护结构和暖通空调的构造及现状。之前有关新建建筑决策的研究不能直接应用于建筑改造的决策中。针对既有建筑节能改造需要确定其条件属性。许多研究已经明确既有建筑节能改造关键的条件属性包括气候条件、建筑基本信息以及建筑现状。

其中，值得关注的是气候条件这一指标，以往的研究大多数将这一指标作为静态属性，利用气候区这一分类数据对其进行描述。根据城市地理位置，中国被划分为五个具有不同气候特征的气候区，包括严寒地区、寒冷地区、夏热冬冷地区、夏热冬暖地区以及温和地区。虽然，短期内气候变化是不可观测的，但建筑的一般寿命为 50 年左右，改造活动对建筑能耗的影响为 30～50 年。因此，气候变化可能是影响改造后效果的因素之一。在以往的研究中，气候区这一分类数据并不能反映出气候变化的影响，更多的动态气候条件属性值得研究。

2）气候变化是影响建筑能耗的因素，但改造决策考虑该因素的研究较少。目前已经有研究表明气候变化对不同气候区的建筑能耗有不同的影响，且对其制冷和供暖能耗影响不同。然而，很少有研究探索气候变化对建筑改造决策的影响。有研究探讨了考虑气候变化因素后，改造策略选择排序的变化情况，并以美国两个不同气候区的建筑为例进行了实证研究。这些研究一定程度上证明了当考虑既有建筑节能改造活动影响的长期性时，有必要在改造策略决策时考虑气候适应性，这样可能在一定程度上节约建筑材料和改造成本，减少不必要或多余的改造措施，并避免改造效果不佳。但在以往考虑气候变化对改造影响的研究中，大多数仍然采用的是数学优化模型算法进行能耗模拟，这个过程的实施对数据质量要求高且决策优化实施过程较为复杂，对于需求大的改造决策活动来说，该模型很难直接应用在建筑存量中快速输出决策结果。此外，气候变化对改造策略决策的影响趋势可能因为地区不同受到气候变化的影响也会不同，气候变化对我国不同地区建筑单体改造策略及建筑组合改造规划决策的影响仍然值得探究。

1.2.4 研究现状评述

（1）基于人工智能的知识挖掘是解决半结构化决策问题的重要技术，已经在多个领域得到广泛应用

对于隐形经验知识的挖掘，知识挖掘技术的选择是关系到问题解决效率高低的关键难点。目前，在医学、安全管理、机械等领域，人工智能技术被应用于解决需要经验知识的半结构化问题，常用的算法包括人工神经网络、支持向量机、案例推理等，这些技术都取得了一定的效果。但是利用人工智能技术进行知识挖掘的研究存在一定的问题导向性，不同的决策问题其所应用的人工智能技术的效果不同，训练方法、过程以及决策属性的选择也会有所差异。如何在建筑节能改造研究中寻找到合适的基于人工智能的知识挖掘技术，并利用该技术对已有的案例进行建模训练以达到一定的准确率，也是本研究面临的技术难点。

（2）决策支持问题的研究已经逐步从传统的数理优化模型发展为与经验知识相结合的知识驱动型智能决策模型

传统的数理优化模型和智能优化算法适用于结构化决策问题，可以通过数理关系或者枚举所有可能解进行多个目标权衡，并选择最优解来找到合适的方案。然而，这些模型并不能解决半结构化决策问题，因为它们没有考虑到需要经验知识的情况。基于人工智能的知识挖掘技术可以挖掘隐含的经验知识，并利用这些知识来解决半结构化决策问题。这种技术与建筑单体改造策略决策的应用场景相契合，但并不能完全考虑到既有建筑组合改造规划决策的应用场景。目前，决策

支持系统整合多种决策方法和模型已经在多个领域得到应用，但这些领域的决策目标和相关的经验知识并不能直接应用于既有建筑节能改造决策。因此，如何将基于人工智能的知识挖掘算法和基于传统数理优化的模型相结合，以搭建针对多种应用场景的决策支持系统，是解决既有建筑节能改造决策问题的重点研究方向。

（3）建筑领域的知识挖掘研究已较为成熟，主要将知识挖掘技术与多个目标决策相结合，但在既有建筑节能改造决策问题的研究方面显得不足

知识挖掘技术在建筑领域的研究中已经被广泛应用，研究内容涉及成本超支、冲突分析、日志故障分析判断等，这些研究充分说明了建筑业中隐性知识的重要性和价值，以及与多个目标决策结合的可行性，为本研究提供了借鉴。然而，该方法在既有建筑节能改造策略决策方面的应用较少。目前，虽然有研究对新建建筑设计决策进行了案例推理等应用，但既有建筑决策和其他建筑相关决策所处的阶段不同、决策的起始点不同，这会导致决策条件属性、决策目标以及决策变量均不同，这些方法并不能直接应用于既有建筑节能改造决策问题。因此，有必要根据既有建筑节能改造决策问题及案例数据的特点，明确其决策条件属性、决策目标约束、决策变量以及决策框架。

（4）既有建筑节能改造决策方面的研究涉及多阶段场景递进和特定条件属性的研究几乎没有，需要在以往建筑改造决策研究的基础上进一步深化探索

第一，既有建筑改造决策研究主要集中于建筑单体改造策略选择，较少考虑建筑组合（多建筑单体）改造规划决策。然而，在建筑改造规划方案决策中，决策内容包括选择哪个建筑进行改造和该建筑单体的改造策略，这些在规划设计阶段和初步设计阶段的决策对改造效率效果起决定性作用。在实践中，既有建筑改造决策即存在建筑单体改造策略决策，也存在以单位、小区、物业、政府或大业主进行成片、成区域改造规划的场景。因此，在决策前期如何快速帮助缺乏相关改造设计知识和经验的决策者找到满足改造标准要求、改造总面积目标并最小化改造总成本的决策组合是当前的迫切需求。虽然欧美等国家的一些研究已经涉及建筑组合或建筑存量的决策研究，由于既有建筑节能改造具有很强的区域差异性，包括标准规范、气候条件和经济条件等因素的不同，无法将相关的决策研究

模型直接应用于国内的改造情景中。

第二，既有建筑单体节能改造方案决策的研究主要以优化技术组合、专家研讨、文献调研、示范案例、现状判断等方法为主，利用经验知识进行决策支持的研究较少。虽然有研究针对既有建筑节能改造决策进行了案例推理相关研究，但基于案例推理的决策模型输出为文本形式，决策变量颗粒度较大。这对于建筑单体决策情景有一定的参考价值，但对于建筑项目规划决策的应用场景存在一定的困难。因此，有必要探索能够适应建筑单体和建筑组合改造多阶段应用场景、多决策目标和特定条件属性的知识挖掘技术和智能决策模型。

第三，既有建筑节能改造决策研究中决策条件属性主要包括气候条件、建筑层数、建筑类型、结构和建成年代等。其中，气候条件在研究中往往用气候区这一分类变量表示，但这并不能完全刻画出气候条件本身的动态变化情况。考虑既有建筑节能改造影响的长周期性特点，气候变化是影响建筑能耗的关键因素之一，其对既有建筑单体改造策略和建筑组合改造规划决策的影响需要明确，这可为适应气候变化的改造措施制定提供参考。因此，在建筑改造决策过程中，有必要考虑动态气温特征数据的影响。

1.3 研究目标及框架

1.3.1 研究目标

1）考虑既有建筑节能改造决策的多阶段应用场景递进的特征及半结构化问题的科学属性，构建"从单体到组合，从静态到动态"的既有建筑节能改造智能决策模型。

2）考虑建筑单体改造策略决策特定的条件属性和知识需求，构建包含优秀既有建筑节能改造方案案例库，比较分析多种知识挖掘算法，确定可支持建筑单体改造方案决策方法。

3）构建涵盖改造总面积、改造总成本及改造标准等的既有建筑组合决策目标约束，整合建筑单体改造决策方法，提出可支持建筑组合改造规划的决策方法。

4）考虑改造活动长周期影响的气候变化因素，提出可支持气温特征数据变化的既有建筑动态决策方法，分析动态气温特征数据变化对决策结果的影响。

1.3.2 研究框架

本研究主要包括 5 个方面，如图 1-1 所示。

图 1-1 研究框架图

（1）既有建筑节能改造智能决策模型框架研究

1）多阶段决策流程和决策要素确定

通过文献调研和专家访谈，以既有建筑节能改造标准要求、工程资料、政策等为基础，分析既有建筑节能改造实践决策流程，研究分析从建筑群改造规划方案确定，到建筑单体改造策略确定，再到改造方案实施的过程；结合多阶段决策特点和前期调研，研究确定既有建筑节能改造智能决策模型的决策要素，包括决

18

策条件属性系统（动静态条件属性）、决策目标约束（改造总成本、改造总面积目标以及改造标准要求）以及决策变量（围护结构改造策略、暖通空调系统改造策略以及可再生能源系统改造策略）。

2）既有建筑节能改造智能决策模型框架搭建

针对既有建筑节能改造多阶段递进决策场景特点及多决策目标半结构化决策的科学属性，构建"从单体到组合，从静态到动态"的智能决策模型，研究确定模型中三个主要决策方法，分别是：可支持建筑单体改造策略决策方法、可支持建筑组合改造规划决策方法以及可支持气温特征数据变化的既有建筑动态决策方法。

（2）建筑单体改造策略决策方法研究

1）既有建筑节能改造优秀方案搜集及案例库构建

数量充足、内容优质的建筑改造设计案例是开展知识挖掘研究的基础，本研究所收集的案例有三个来源：首先，经过绿色建筑设计评价标识认证的建筑具有高标准和参考价值，获得绿色建筑标识的既有建筑改造案例被纳入优秀案例库中；其次，获得国家补贴的既有建筑节能改造工程是经过改造节能率考核的，这部分建筑普遍改造后节能率大于15%，被认为是具有学习价值且可以达到改造预期效果的案例；最后，在推广既有建筑节能改造的过程中，各地政府部门及建筑设计研究院会根据需求确定一部分改造案例为示范案例，这部分案例具有较强的示范价值和意义，也被纳入优秀案例库中。应用文本挖掘技术，提取包含在案例描述文本、改造后评价报告、工程图纸等文件中的决策条件属性数据，汇总处理得到包含所有条件属性的案例数据（气候条件、建筑类型、建成年代、围护结构改造现状、暖通空调系统类型等）和决策变量（围护结构、暖通空调系统、可再生能源利用的改造策略）在内的结构化数据库。

2）数据预处理与编码

对于连续型数字，应用合适的数据离散化技术（例如聚类算法），对其进行离散化处理；对于离散型数字，采取合适的编码技术（例如独热编码），使得模型支持条件属性中同时存在离散变量（如建筑类型、建筑结构形式等）和连续变量（如建筑面积等）；对于文字描述型条件属性（如围护结构和暖通空调系统改造前的状况），应用文本数据预处理方法（如模糊综合评价法、灰度评价法、文本分类、词干抽取等），对文本数据进行抽取和结构化表达，使之可以更好地嵌入知识挖掘模型中；为提高知识挖掘模型的效率和效果，需要及时识别条件属性冗余情况，利用文献分析调研，对条件属性进行选择、识别、合并或者删除存在相关性或者无效的属性，保留影响既有建筑改造技术选择的有效属性。

3）知识挖掘算法比较评估

针对既有建筑改造策略决策的知识需求和半结构化的决策问题特点，考虑既有建筑节能改造优秀方案案例库的体量，为保证数据挖掘的稳健性和准确性，开展多种知识挖掘算法对比分析研究，具体算法包括人工神经网络、支持向量机、随机森林和 XGBoost 算法、案例推理等；针对不同算法在既有建筑节能改造优秀方案案例数据中的挖掘结果，从算法准确率、召回率、精确率和运行效率等方面进行比较，确定适用于不同既有建筑单体策略决策应用场景的知识挖掘算法。

4）算法调整及确定

为了更加精准地识别有效的条件属性并剔除冗余的条件属性，对已确定的知识挖掘算法进行特征重要性分析。具体而言，对围护结构改造策略模型、暖通空调系统改造策略模型、可再生能源利用策略模型进行重要条件属性逐一剔除，观察剔除特定条件属性后模型的准确率变化，最终保留对模型结果有正向作用的特征；利用样本贡献度检验，对 301 个既有建筑节能改造优秀案例和 167 个绿色新建建筑优秀案例逐一分析检验，通过识别对模型训练结果有负向作用的样本，保留对模型有正向价值的样本，最终形成针对建筑单体改造策略决策的知识挖掘模型。

（3）建筑组合改造规划决策方法研究

1）构建目标决策模型

通过文献调研，研究确定建筑组合改造规划确定过程中的决策要素，包括涵盖改造总成本、改造总面积目标、改造标准要求等的决策目标约束和考虑建筑单体改造策略的条件属性；逐一确定目标函数、约束条件的表达式，梳理目标决策模型的输入输出和计算方法；基于已确定的目标决策模型和计算机程序算法，实现优化方案计算及输出。

2）确定各类指标定义、范围及计算方法

确定评价指标，包括改造总面积目标、改造总成本和节能改造标准要求；根据指标的不同特点确定其计算方法。这些方法主要依据《公共建筑节能设计标准》

GB 50189—2015 和《建筑节能与可再生能源利用通用规范》GB 55015—2021 等
标准规范，提取指标要求。

3）整合建筑单体改造策略决策方法

基于建筑单体改造预测模型的输出结果，即建筑单体围护结构、暖通空调以
及可再生能源改造策略，将其与含有多个目标的决策模型模块进行输入输出整
合；待改造的建筑组合中各建筑单体的条件属性将输入所建立的建筑单体改造策
略决策方法中，其输出的预测方案和预测方案下具体的各类指标需要作为目标决
策模型中的输入参数；细化建筑单体改造策略，主要依据为设计图集《既有建筑
节能改造》16J908-7，包括围护结构做法和热工性能值及暖通空调系统的类型和
能效比。

4）建筑组合改造规划决策

利用已建立的建筑单体改造策略决策方法确定单体改造策略，结合标准规范
将具体指标输入建筑组合改造规划决策方法中；通过调整总改造面积目标，输出
符合标准要求总成本最低的差异化改造规划方案。

（4）既有建筑动态改造决策方法研究

1）既有建筑节能改造动态决策方法技术路线确定

通过文献调研，分析确定气候条件动态决策条件属性的刻画指标，包括全年
平均气温、最高气温、最低气温和全年温差；确定不同指标的数据预处理方法，
在案例库中对不同城市的建筑进行温度数据的补充，并对数据结构和针对建筑单
体的预测模型进行调整，形成建筑改造动态决策方法。

2）气候变化数据收集及处理

对全国不同城市、不同历史时期以及不同未来预测情景下的气温数据进行收
集和整理，建立气候变化动态气温数据库；对 1980—2100 年的气温数据进行可视
化表达，分析气温在不同历史时期和不同未来预测情景下的变化趋势。

3）气候变化对改造策略影响规律的分析总结

根据建筑动态决策条件属性，利用不同历史时期实际发生的气温数据代替气
候区输入所建立的建筑单体改造策略决策方法中，进行知识挖掘算法稳定性验
证；基于案例库全样本进行建筑改造动态决策方法的输出及验证，并与考虑气候
区的建筑单体改造策略决策结果进行动静态对比分析，研究分析气候变化对建筑

单体改造策略的影响。

（5）既有建筑节能改造智能决策模型验证研究

利用案例库全样本数据对所构建的模型进行验证研究。首先，对所构建的改造优秀方案数据库、训练集及测试集案例分布情况进行整理；其次，利用所构建的针对建筑单体改造的策略决策方法，输出针对全样本建筑改造案例的预测改造策略，并进行比较分析；最后，确定位于同一气候区同一建筑类型的多个建筑作为建筑组合验证案例，利用所构建的可支持建筑组合规划决策的方法，进行动静态改造组合规划决策结果比较分析。

1.4 研究方法

（1）文献与调查研究

本研究通过文献调研和专家访谈重点调研了知识挖掘技术、决策支持模型以及既有建筑节能改造的相关研究，为引入满足节能改造知识需求的智能决策方法提供依据。另外，本研究的调研内容还包括：为构建多阶段场景递进的决策框架，调研了既有建筑节能改造规划和策略确定的流程及改造政策；为支持"从单体到组合，从静态到动态"的决策模型方法的构建，开展了既有建筑节能改造策略、标准规范、决策目标约束计算方法及相关数据的调研；为满足知识挖掘技术和动态决策模型对数据的要求，构建了既有建筑节能改造优秀案例数据库，整理了气候变化气温数据。

（2）综合运用跨学科领域知识方法

本研究综合运用了跨学科领域知识方法，包括：跨学科运用了人工智能、知识挖掘、建筑设计等多领域知识，明确了既有建筑节能改造智能决策框架；跨学科运用了目标决策、工程管理、建筑材料等跨领域知识及数据，为提高既有建筑组合整体决策效率效果提供技术路径；跨学科运用了地理系统科学学科的气候变化相关研究数据，为考虑气温特征数据变化的既有建筑动态决策方法的建立提供支持。

（3）比较研究

本研究对所构建的既有建筑节能改造智能决策模型的分析过程中，涉及比较分析的研究方法，具体包括：为明确建筑组合改造规划方案变化情况，比较分析了不同改造总面积目标下的差异化建筑组合规划方法；为明确气候变化因素对建筑单体改造策略的影响，比较分析了案例库全样本改造策略的动静态差异；为明确气候变化对建筑组合规划方案确定的影响，比较分析不同未来气候变化情景下的建筑组合规划方案。

第 2 章

模型框架、决策要素
和决策过程

建筑节能改造
智能决策模型及方法研究

2.1 研究范围

　　既有建筑节能改造决策主要涉及三个阶段，包括：①规划设计阶段，根据改造目标，针对建筑群（多建筑单体）确定改造规划方案；②初步设计阶段，针对需要改造的建筑单体，确定改造策略；③施工图设计阶段，根据建筑单体改造策略，结合相关标准规范，确定具体改造措施施工方案。

　　在规划设计阶段，政策制定者、多建筑的业主等根据政策改造总目标要求或者实际建筑运行情况，针对建筑群（多建筑单体）确定既有建筑节能改造规划方案，即改造哪一栋建筑单体。该决策是既有建筑节能改造整个活动的起点，也是决定既有建筑节能改造效率效果的关键内容。但这部分决策目前并没有一个明确的标准，一般是由决策者根据专家经验知识或者某一单一指标确定，如位于某一街道的建筑，尚无一套完善的改造规划决策流程方法。因此，本研究所构建的既有建筑改造规划方案决策方法是对应实践中改造规划设计阶段的应用场景。

　　在初步设计阶段，专家和设计人员根据规划设计阶段确定的改造规划，为每一栋建筑确定改造策略方案，即建筑单体需要怎样的改造，包括围护结构改造需求和暖通空调系统改造需求。由于这部分决策是涉及规则知识和专家经验知识的典型半结构化问题，在实践过程中会受到决策者个人知识的限制造成改造决策效果不理想。因此，本研究所提出的既有建筑单体改造方案决策方法是对应实践中初步设计阶段的应用场景。

　　在施工图设计阶段，施工人员根据初步设计阶段建筑单体的改造策略，结合既有建筑节能改造相关标准规范图集，完善施工方案，即改造措施的具体做法。这部分主要是由施工人员根据现有固定的规则知识进行确定的结构化问题，因此不是本研究模型关注的重点内容。

　　因此，本研究提出的既有建筑智能决策模型针对改造知识需求和多阶段决策特征，主要适用于实践中的规划设计阶段和初步设计阶段。其中，多阶段应用场景的递进主要体现在规划设计阶段改造规划方案的确定是初步设计阶段改造单体策略确定的前提和基础。

2.2 模型框架

既有建筑改造智能决策模型框架如图 2-1 所示，该框架包含三个决策方法，即既有建筑单体改造策略决策方法、既有建筑组合改造规划决策方法、既有建筑动态改造决策方法。此外，模型搭建过程中应用到两个数据库，分别为既有建筑节能改造优秀方案案例库和气候变化气温数据库。

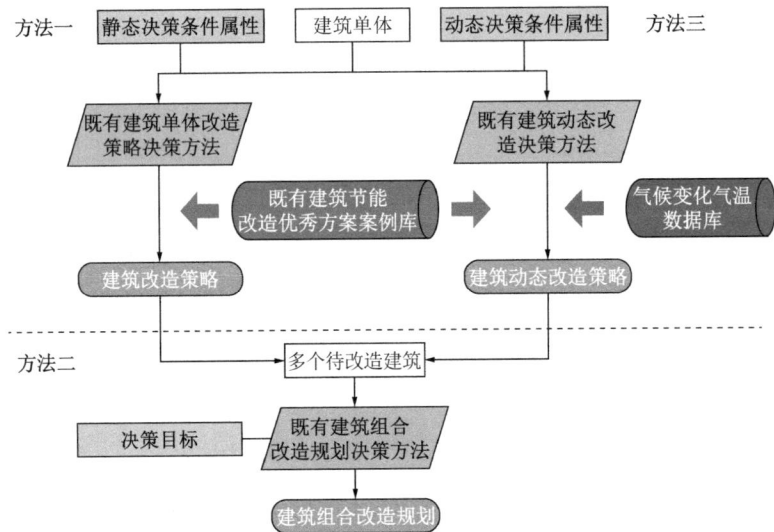

图 2-1　既有建筑节能改造智能决策模型框架

三个决策方法对应本研究的三项主要研究内容。首先，针对建筑单体进行改造需求判断，即决定建筑单体改造策略。具体来说，根据决策条件属性，对既有建筑节能改造优秀方案案例库进行数据预处理，选择合适的技术对其进行经验知识挖掘与重用。其次，针对建筑组合进行改造规划确定。根据第一阶段输出的单体改造策略，建立针对建筑群的目标决策模型，输出建筑组合差异化改造规划。最后，考虑建筑改造长周期性的气候变化影响。将动态气温数据输入已建立的决策方法中，并将结果进行动静态比较分析，明确气候变化对改造决策的影响。此外，既有建筑节能改造优秀方案案例库为既有建筑单体改造策略决策方法提供数据基础，支持知识挖掘技术的实现；气候变化气温数据库为既有建筑组合改造规划决策方法提供动态气温数据，是既有建筑动态改造决策方法区别于静态改造决策方法的关键。既有建筑节能改造智能决策模型主要涉及三个决策要素，分别是：①决策条件属性，即做决策时对决策问题和目标对象进行结构化描述的重要信息，是决策模型的输入，也是实际决策中的已知信息；②决策变量，即决策者需要决定的内容，是决策模型的输出，在实际决策中是建筑改造技术人员需要根据已知信息讨论分析的结论；③决策目标约束，是决策者的期望效果，在本研究中体现为既有建筑节能改造效果，包括成本是否在可接受范围内、节能技术选择是否符合标准、基于经验的改造概率大小等。

2.2.1 既有建筑单体改造策略决策方法

既有建筑单体改造策略决策流程核心决策节点分布于规划设计与初步设计阶段。该过程需解决双重决策命题：其一，基于多准则评估体系筛选待改造建筑单体；其二，针对选定建筑制定差异化改造技术组合。现行判定机制主要依托技术团队对建筑单体的热工性能、设备能效等核心参数展开多维度诊断，通过多专业协同论证机制确定改造方案。尽管《既有居住建筑节能改造技术规程》JGJ/T 129—2012 等标准提供了基础框架，但尚未建立涵盖建筑本体性能、经济可行性及环境效益等多目标耦合的量化决策模型。更值得注意的是，当前决策过程存在显著的主观依赖特征——改造必要性判定与技术路线选择往往受限于参与人员的技术认知偏差，导致决策结果呈现非结构化离散分布。鉴于此，本研究提出将知识挖掘技术引入决策体系，通过机器学习算法解构海量改造案例中的隐性决策规则，构建数据驱动的智能决策支持模型，其技术实现路径与算法架构将在第 3 章系统阐释。

对于既有建筑单体改造策略，本研究考虑围护结构改造、暖通空调（Heating Ventilation and Air Conditioning，HVAC）系统改造和可再生能源技术利用，主要原因包括：①围护结构作为建筑与外界环境接触的主要构件，是建筑热工性能的核心载体，围护结构通过外墙、外窗和屋顶的协同作用，承担建筑保温隔热的重要性能，对建筑能耗有关键影响，其改造本质是通过热阻强化与气密性的提高，可以减少约 30%～50%的基础冷热负荷；②HVAC 系统是建筑用能的主要构件，根据国际能源署报告，在中国空调和供暖系统约占建筑总能耗的 65%，实施制冷系统COP 值优化、供暖系统热源升级等技术可实现系统综合能效提升 40%以上；③可再生能源技术利用是既有建筑提升节能阈值、突破节能天花板、实现近零能耗目标的关键技术，也是响应全球碳排放和建筑减排的核心路径。其中，屋顶光伏系统在空间集约利用、经济可行性及工程适配性方面的独特优势，相较于需深度介入建筑本体结构的地源热泵或立面光伏，屋顶光伏的模块化加装特性更契合既有建筑改造中"非破坏性介入"的核心原则，使其成为兼顾技术可靠性与改造风险控制的可靠选择。这三者构成了"建筑本体—设备能耗—能源转型"的递进式改造策略。因此，围护结构改造考虑外墙改造、外窗改造和屋顶改造；HVAC 系统改造考虑制冷系统改造、供暖系统改造；可再生能源利用考虑屋顶光伏系统改造。

2.2.2 既有建筑组合改造规划决策方法

既有建筑改造规划需要统筹技术判定与群体资源优化的双重决策逻辑。具体来说，建筑单体改造必要性的判定存在两阶段决策：第一阶段是技术必要性判断，即基于建筑现状诊断（如围护结构热工缺陷、设备能效衰减率），根据《既有居住建筑节能改造技术规程》JGJ/T 129—2012 的量化阈值，以及技术团队的经验知识来判断"是否需要改造"；第二阶段是经济可行性筛选：在建筑群层面，受限于资金预算等约束条件，部分需要进行改造的技术可能因边际效益不足而暂缓实施。这种"需要改造"但最终却"未进行改造"的矛盾正是本方法的核心研究对象。

假设建筑组合有N栋待改造建筑，决策者需要根据决策目标和建筑单体已知信息选出符合目标的Z栋建筑纳入改造规划。其中，每栋建筑对应一个改造策略，这是既有建筑组合改造规划决策方法的输入变量，也是既有建筑单体改造策略决策方法的输出变量。但将输入变量，即建筑单体改造策略，转化为群体最优解，即建筑组合改造规划，其技术路径呈现出不同：

针对围护结构和 HVAC 系统，遵循达标导向的"离散决策"，改造措施严格遵循既有建筑节能改造相关标准要求，如外墙传热系数限值、冷水机组COP阈值等，通过多目标优化模型平衡改造成本、改造总面积约束，输出在建筑组合中的改造清单。假设建筑组合中每栋建筑的改造策略对应m个可能的改造措施，N栋待改造建筑则共有$N \times m$种措施。在对建筑组合（多建筑单体）进行规划决策时，决策目标包括改造总成本、改造总面积目标以及改造标准要求，这些目标相互冲突。为满足这些目标，本节构建了围护结构和 HVAC 系统目标决策模型，针对不同的建筑组合改造总面积目标，确定符合改造标准要求且改造总成本最小的差异化改造规划方案。围护结构和 HVAC 系统采用离散型决策机制的原因是规范约束刚性和措施的互斥性，规范约束刚性体现在改造措施严格受控于相关的改造技术规范，而且同一个子系统改造措施存在技术排他性，如外窗改造无法同时采用 Low-E 玻璃和真空玻璃方案，因此最终采用的是二元决策制（是/否）结合技术规范的形式，确定所有可能的改造方案。

针对可再生能源系统改造，即屋顶光伏改造技术，采用"效益导向"的概率决策。具体来说，将基于建筑屋顶面积等参数，通过经验知识进行建筑单体光伏改造的适应性概率计算，同时在发电量、改造成本与建筑组合改造总可能性的约束下寻找最优化规划方案。在屋顶光伏的决策过程中，对于每栋建筑，根据以往既有建筑改造和绿色新建建筑的屋顶光伏利用情况可知目标建筑的屋顶光伏加装改造的概率，但是当考虑总发电量、发电成本、总屋顶改造概率后，其优化方案选择的建筑单体就会有所变化。屋顶光伏改造技术方案确定采用连续型概率决策机制的原因在于光伏改造可实施屋顶面积覆盖，形成连续决策空间，其存在技术弹性。

围护结构与 HVAC 系统作为建筑本体的物理构成要素，其改造具有不可逆性与技术刚性，必须遵循"达标即改"的布尔逻辑；而可再生能源系统作为建筑能源网络的柔性增量，其最优渗透率需在概率空间中权衡技术可行性、经济性及电网交互动态。针对围护结构、HVAC 系统以及屋顶光伏系统的方法论对比与协同逻辑见表 2-1。

方法论对比与协同逻辑   表 2-1

维度	围护结构/HVAC 系统	屋顶光伏系统
决策空间	离散布尔变量（0/1）	连续概率变量（$0 \leqslant p \leqslant 1$）
约束类型	标准规范限值等	建筑屋顶总面积等
优化目标	成本最小化、节能达标	发电量最大、成本最小、经验概率最大

2.2.3 既有建筑动态改造决策方法

既有建筑动态改造决策核心框架与单体建筑决策方法的基础逻辑类似，但创新性地引入了气候变化这一动态变量，构建了面向全生命周期的建筑节能改造决策方法体系。与传统静态决策方法相比，本方法通过将典型气象年逐时动态气象参数替代原有静态气候分区参数，实现气候变化对建筑改造策略影响的具体刻画。

在方法层面，本研究突破传统静态气候分区的局限性，构建了以城市—年份为坐标的气候数据。集成典型城市历史气象数据与未来气候情景预测数据，形成动态气候数据库，该数据库与单体建筑决策方法进行对接，通过决策结果观察气候变化因素对不同城市围护结构改造、制冷系统改造、供暖系统改造及屋顶光伏改造策略的影响。

2.3 决策条件属性

决策条件属性是对目标建筑及决策问题进行描述的必要信息，也是决策者进行决策的参考。本节从建筑生命周期的角度进行分析，总结了建筑从初步设计阶段、新建阶段到改造阶段所产生的、可能对改造决策提供有效信息的条件属性，具体如图 2-2 所示。

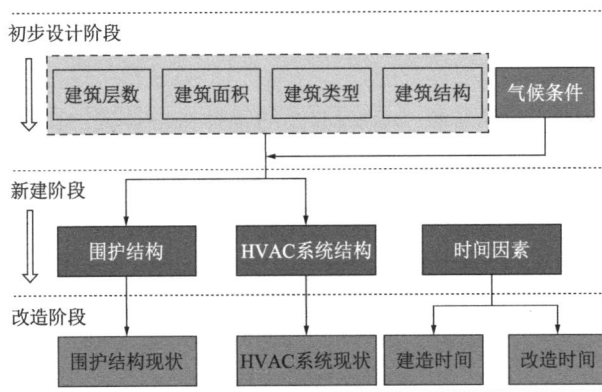

图 2-2　既有建筑节能改造决策模型条件属性

在初步设计阶段，设计人员可以通过建筑设计任务书了解建筑层数、建筑面积、建筑类型、建筑结构以及建筑所在的地理位置等，这是设计人员进行建筑设计的基础，也是建筑改造阶段的关键信息。此外，建筑设计阶段还需根据建筑所在的地理位置考虑当地的气候条件，气候条件会影响建筑围护结构和暖通空调系统等重要构件的详细设计方案。

在新建阶段，根据初步设计确定的围护结构和暖通空调系统方案建造新建建筑，并形成一个对以后改造决策有影响的重要信息，即建造时间。

在改造阶段，围护结构和暖通空调系统的现状是影响改造决策的关键信息，需要考虑建筑从新建到改造经过的时间、使用年限以及材料设备的老化情况。另外，建筑从新建到改造所经历的时间也是影响建筑现状的重要因素，所以建筑改造时间是改造阶段产生的重要信息。

对不同阶段产生的关键信息进行整理发现,影响既有建筑节能改造决策的条件属性可以分为三类:与外界环境相关的气候条件属性、建筑基本信息以及改造建筑特有的条件属性,见表2-2。本节还总结了以往研究中涉及的条件属性,包括气候区、建筑层数、建筑面积、建筑类型、建筑结构、建成年代、改造年代和建筑改造现状,相关文献列在表格的最后一列。

决策条件属性信息   表2-2

类型	指标	详细描述
气候条件	气候区	严寒地区、寒冷地区、夏热冬冷地区、夏热冬暖地区
建筑基本信息	建筑层数	>0,正整数
	建筑面积	>0,连续性数据
	建筑类型	办公建筑、医院建筑、商店建筑、居住建筑、旅馆建筑、教育建筑
	建筑结构	砖混结构、框架结构、框剪结构、板式结构、筒状结构、剪力墙结构
改造特定属性	建成年代	1980年之前,1980—2005年,2006—2015年,2016—2021年
	改造年代	2006—2010年,2011—2015年,2016—2020年,2020年之后
	围护结构现状	无保温层、有保温层但未达标、有保温层且达标
	HVAC系统现状	能耗水平较高、能耗水平一般但未达标、能耗水平达标

需要注意的是,与新建建筑相比,既有建筑节能改造的决策条件属性中,改造特有属性相对特殊。在新建建筑中,设计人员更关注建筑层数、建筑面积等建筑设计任务书中给定的条件属性。但是,在既有建筑节能改造中,还需要关注建成年代、改造年代及建筑现状等信息。

此外,本节根据研究问题的范围和特点,将建筑现状进一步分为围护结构现状和暖通空调系统现状。根据所收集到的案例情况,这部分主要是通过文字进行相关描述。因此,在数据处理过程中,本研究采用关键词挖掘技术,将围护结构现状分为无保温层、有保温层但未达标、有保温层且达标三种状态;将暖通空调系统现状分为耗能水平较高、耗能水平一般但未达标、耗能水平达标三种状态。

2.3.1 气候条件

建筑能耗与外界气候条件密切相关。对于围护结构来说,外窗、外墙和屋顶是建筑与外界直接接触的部位,外界气候条件的变化将直接影响围护结构的能耗情况。对于暖通空调系统而言,它的供暖和制冷需求主要参考室内外温差情况,与外界气温较为相关,且不同气候区的暖通空调系统需求也存在差异。在可再生能源技术应用中，屋顶光伏系统的发电效率与气候条件呈现显著相关性。太阳辐射强度、日照时数和环境温度是影响光伏发电效率的三大核心气候要素。

在建筑决策相关研究中，常用气候区进行分类表示，以刻画建筑外界气候条件。本研究中，气候区的分类参考了《建筑气候区划标准》GB 50178—1993，主要考虑的气候区包括严寒地区、寒冷地区、夏热冬冷地区以及夏热冬暖地区。此外，在其他领域的气候变化相关研究中，也利用气温数据对外界气候条件进行刻画。具体指标包括平均气温、最高气温、最低气温和温差等。在光伏系统改造决策模型中，还会引入太阳辐射强度分布等专项参数，这些参数与建筑朝向、屋面倾角等几何特征共同构成光伏系统的气候适应性评价体系。

在本节中，气候区作为静态气候条件被纳入静态决策条件属性中，作为既有建筑单体改造策略决策方法的条件属性。而动态气温数据，包括全年平均气温、最高气温、最低气温和温差，则被纳入动态决策条件属性中，作为既有建筑动态改造决策方法的条件属性。

2.3.2 建筑基本信息

(1) 建筑层数

建筑层数是表征建筑垂直空间规模的核心参数，包含地上与地下功能空间的层级划分。在实际决策中，建筑层数是由设计人员根据规划设计任务书、消防设计要求、建筑造价成本、运输要求和管理维护费等因素确定的。建筑层数会对改造方案的成本和技术应用难度产生影响，被视为改造方案决策模型的已知信息。

(2) 建筑面积

建筑面积作为建筑能耗的规模性表征量，其数值由规划容积率指标与功能空间需求共同决定，在既有建筑改造中属于刚性约束参数。其对改造决策的影响体现在可能与改造成本相关，被视为改造方案决策模型的已知信息。

(3) 建筑类型

建筑类型是在规划设计中确定的用地要求，在建筑改造过程中其变化的可能性较小，不作为改造决策模型的决策变量。建筑类型本质上是功能空间用能特征的分类标签，其划分依据《民用建筑能耗标准》GB/T 51161—2016 的用能强度分级体系，不同类型的建筑用能特点存在显著差异，需要关注的改造重点也不同。因此，建筑类型被视为改造方案决策模型的已知信息。《"十四五"建筑节能与绿色建筑发展规划》中明确要加强节能绿色改造，既包括开展既有居住建筑节能改造，也包括推进公共建筑能效提升。而对于公共建筑暂未有明确的分类标准，参考以往研究和收集到的改造案例，本研究考虑的建筑类型共有 6 种，包括居住建筑、办公建筑、商店建筑、医院建筑、旅馆建筑和教育建筑。

（4）建筑结构

建筑结构是根据规划设计文件、建筑层数、建筑面积、建筑体型系数等因素，在工期、成本、建筑功能要求等目标下由建筑设计师确定的。建筑结构的选择受《建筑结构可靠性设计统一标准》GB 50068—2018 的强制性约束。然而，建筑结构进行改造的灵活度较小，改造难度较大，不作为改造决策模型的决策变量。但建筑结构会对改造的难度和成本产生影响，被视为改造决策模型的已知信息。本研究考虑的建筑结构包括框架结构、框剪结构、砖混结构、剪力墙结构和筒状结构。

2.3.3　改造特有属性

（1）建成年代

在设计和建造新建建筑时，需要遵守相关的标准规范要求，其中包括《公共建筑节能设计标准》GB 50189—2015、《民用建筑热工设计规范》GB 50176—2016 等。这些标准会不断更新，不同版本标准对同一指标的要求也不同。此外，建筑的设计方案也会因为建造年代的不同而有所差异。建成年代是反映建筑技术代际特征的时序标签，其与节能标准演进存在强耦合关系：①1980—2005 年建筑多为 30%～50% 的节能标准，外窗传热系数普遍大于 $3.0\text{W}/(\text{m}^2 \cdot \text{K})$；②2006 年后建筑逐步过渡到 65% 节能标准，围护结构热工性能提升 40% 以上。因此，建成年代对改造策略的选择具有重要影响，将作为改造决策模型的条件属性。

（2）改造年代

改造年代是指改造活动发生的时间。将改造年代作为改造决策模型条件属性的主要原因有以下三点：首先，发生在不同改造年代的改造活动其改标准要求不同，包括《公共建筑节能设计标准》GB 50189—2015、《既有建筑维护与改造通用规范》

GB 55022—2021、《建筑节能与可再生能源利用通用规范》GB 55015—2021 等，都发布于不同时间且不断更新，发生在不同时间的改造活动根据当时现行的标准规范，其改造策略可能不同；其次，改造年代和建成年代相隔时间越长，说明该建筑围护结构和 HVAC 系统设备老化情况可能越严重，改造需求越大；最后，推行改造活动的相关政策在不同时期目标和力度不同，可能导致不同的改造决策结果。

（3）建筑现状

建筑现状主要指围护结构现状和 HVAC 系统现状，这些信息是围护结构与 HVAC 系统改造策略选择中的重要参考。以围护结构改造为例，改造策略需要同时考虑相关标准要求和改造前外墙和屋顶的构造，这样才能确定外墙和屋顶需要增加的保温层的性能，并根据保温材料的导热系数计算出所需增加的保温层厚度。因此，建筑现状是建筑改造特有且重要的信息。

2.3.4 条件属性体系

本节对决策条件属性进行了分析，如图 2-3 所示。决策条件属性可归纳为两类：静态条件属性和动态条件属性。静态条件属性是指随着时间不发生变化的属性；动态条件属性是指随着时间发生变化的属性。其中，建筑外界气候条件属性是重要的动态条件属性。

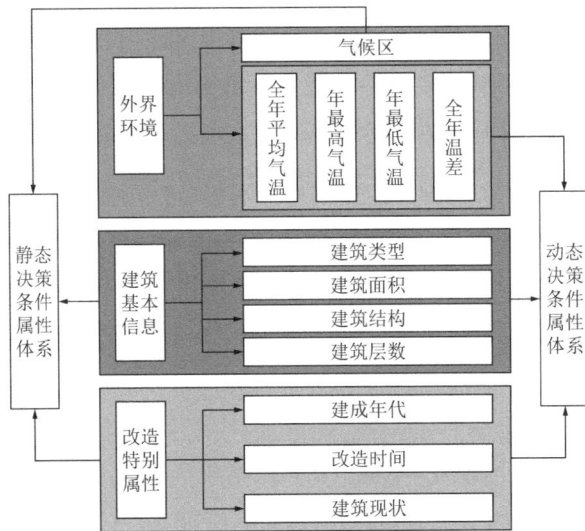

图 2-3　决策条件属性体系

在过去的研究和实际决策中，决策者通常只考虑气候区的变化，但气候区是分类数据，无法反映气候变化的具体情况。因此，本研究将平均气温、夏季气温、冬季气温、温差以及辐射强度等指标纳入建筑动态改造决策方法中，以观察气温变化对动态决策结果的影响。基于此，建立了一个符合既有建筑节能改造长周期性特点同时包含静态和动态指标的改造决策条件属性体系。

2.4 决策目标

本部分的决策目标是针对既有建筑组合改造规划决策方法，考虑在资源限制条件下的建筑组合改造规划。相比于既有建筑单体改造策略决策方法和既有建筑动态改造决策方法，既有建筑组合改造规划决策方法需要考虑更多的资源限制因素。在确定建筑单体改造策略后，需根据标准规范确定每种策略更详细的措施，并计算成本、材料厚度、保温层热工性能和 HVAC 系统的能效比等指标。在确定每种策略下的措施组合后，还需要考虑对于整个建筑群（多建筑单体）的资源限制。通过这样的方式，才能制定出符合实际情况的建筑组合改造规划，实现最大化的节能效果和资源利用效率。

参考以往研究，建筑组合规划决策目标包括建筑改造节能标准具体要求、改造总面积目标以及改造总成本。具体来说，有研究开发了既有建筑改造决策的目标决策模型，主要考虑了节能效果和改造成本。类似地，也有研究为建筑围护结构改造决策开发了目标优化模型，考虑了方案的节能效果和全生命周期成本。从"十一五"规划开始，我国改造相关政策中都规定了建筑改造的总体面积目标。

因此，本研究将改造总成本、屋顶光伏总发电量（参照具体改造节能标准确定）和改造总面积目标作为既有建筑组合改造规划决策方法的决策目标。

（1）改造总成本

建筑群体改造需在有限资源下实现全局最优，总成本目标旨在解决单体改造经济性评估与群体资源分配的协同矛盾。在既有建筑节能改造方案中，改造成本与改造策略、所选材料种类及数量、所选设备类型及数量等因素密切相关。资金限制是建筑一次性改造困难的主要原因。因此，在有多个既有建筑节能改造项目和方案时，改造总成本是一个极为关键的因素，需要在保证节能效果的前提下，尽量降低改造成本，以确保改造项目的经济可行性。

（2）屋顶光伏总发电量

光伏总发电量目标是实现能源系统低碳转型的关键量化指标。《建筑节能与可再生能源利用通用规范》GB 55015—2021 规定新建及改造建筑需满足 10%以上能源需求来自可再生能源。而可再生能源的利用率也是建筑从被动式节能转向主动式产能的关键和建筑节能的目标追求，因此，屋顶光伏总发电量被作为可再生能源系统利用的决策目标。

（3）改造总面积目标

自"十一五"以来，我国已经颁布了多项改造相关的标准和政策，这些政策规定了一定周期内的改造总面积目标。例如，"十三五"期间，我国完成了 1 亿 m^2 的公共建筑改造。《"十四五"建筑节能与绿色建筑发展规划》明确要求完成 3.5 亿 m^2 公共建筑改造，目标分解至省市形成逐级约束。此外，建筑改造的决策者还包括各级政府和多项目业主，他们会提出建筑改造的区域级或项目级的改造面积目标。例如，成都市提出在 2021—2023 年期间，将完成 1500 万 m^2 的建筑改造。因此，对于建筑群（多建筑单体）的改造项目来说，改造总面积成了重要的决策目标。在建筑改造过程中，需根据改造总面积目标来确定每个具体项目是否进行改造，并制定区域级或项目级的改造规划。

2.5 决策约束

（1）改造标准要求

为了保证建筑改造的效果，必须满足节能标准要求。例如，《公共建筑节能设计标准》GB 50189—2015 规定，寒冷地区公共建筑外墙、屋顶和窗户的热工性能 K 值分别为 0.5、0.45 和 2.2。K 值越低，围护结构的保温隔热效果越好。具体而言，本研究中的将 K 值作为围护结构的主要指标，将能效比（COP 值）作为暖通空调系统的主要指标。

（2）围护结构及 HVAC 系统改造策略选择

由于技术排他性，每栋建筑只能选择一种围护结构策略和一种 HVAC 系统改造策略,而这种约束可以避免策略组合可能引发的"性能冗余",避免同一子系统采用两种以上的方案。

(3)屋顶光伏面积

由于物理边界约束,屋顶光伏改造总面积不能超过总屋顶建筑面积。屋顶可用面积受设备机房、疏散通道等刚性功能空间制约,同时光伏组件需满足《建筑结构荷载规范》GB 50009—2012 要求,因此,屋顶光伏面积也被选择作为可再生能源系统的决策约束条件。

2.6 决策过程

模型的决策过程主要包括:

(1)确定静态决策条件属性和动态决策条件属性,构成本研究整体的决策条件属性体系。

(2)根据静态决策条件属性和既有建筑节能改造和绿色新建建筑节能优秀方案案例库,进行数据预处理及编码、特征处理、知识挖掘算法确定,形成既有建筑单体改造策略决策方法,输出决策变量,即建筑单体改造策略(包括围护结构改造策略、HVAC 系统改造策略、可再生能源系统改造策略),这部分内容将在第3 章进行详细介绍。

(3)根据建筑组合(多建筑单体)的决策条件属性,利用步骤(2)中已经建立的既有建筑单体改造策略决策方法输出建筑单体改造策略,根据建筑组合决策目标及决策约束(改造总面积、改造总花费、屋顶光伏总发电量、改造标准要求、屋顶总面积、改造措施选择),建立既有建筑组合改造规划决策方法,具体解决两个问题,包括:①在决策目标下,建筑组合中哪栋建筑单体需要改造;②需要改造的建筑怎么改造,即改造策略。这部分内容将在第4 章进行详细介绍,并在第6 章进行应用验证。

(4)根据动态决策条件属性和气候变化气温数据库,进行数据预处理及编码,利用步骤(2)中已经确定的既有建筑单体改造策略决策方法,用特定城市、特定年代的动态气温数据作为刻画气候变化的特征代替气候区,输出决策变量,即考虑气候变化的建筑单体改造策略,并与步骤(2)的结果进行对比,分析气候变化对建筑单体改造策略选择的影响，这部分内容将在第 5 章进行详细介绍。

（5）将步骤（4）的结果作为输入变量重新纳入步骤（3）的既有建筑组合改造规划决策方法中，输出考虑气候变化的建筑组合改造规划，并与步骤（3）的决策结果进行对比分析，这部分内容将在第 6 章进行详细介绍。

综上，对于围护结构和 HVAC 系统来说，其决策过程如图 2-4 所示，对于可再生能源系统来说，其决策过程如图 2-5 所示。

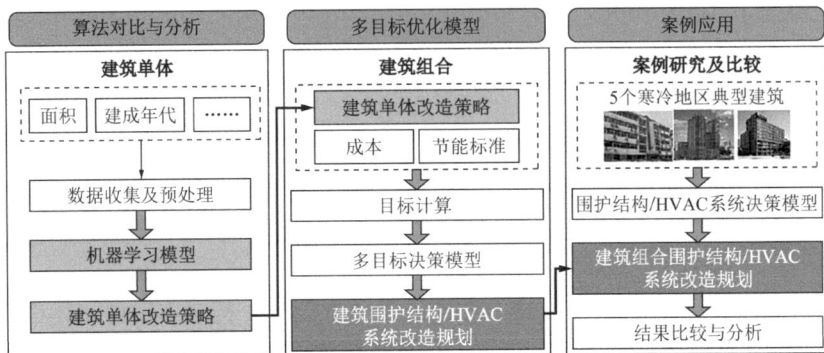

图 2-4　围护结构/HVAC 系统节能改造决策模型

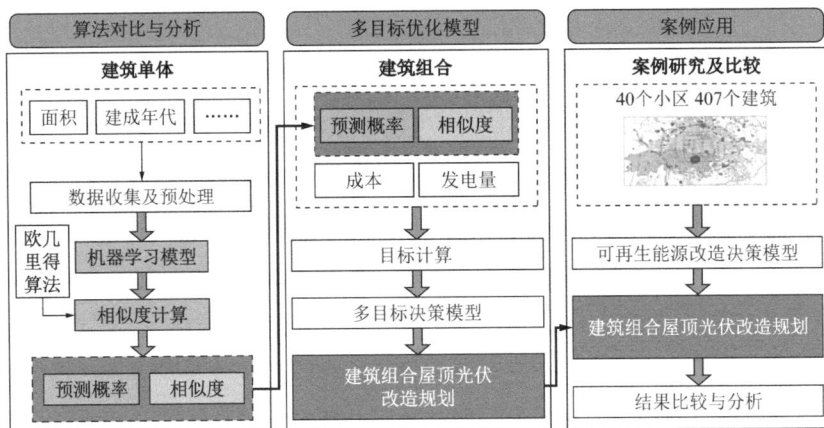

图 2-5　可再生能源系统节能改造决策模型

2.7　本章小结

本章的工作及成果总结如下：

（1）针对既有建筑节能改造决策多阶段场景递进、多重条件属性、多个目标约束半结构化的复杂科学属性特点，构建了"从单体到组合，从静态到动态"的既有建筑节能改造智能决策模型框架。

（2）针对既有建筑改造影响长周期性特点，提出了改造动静态决策条件属性体系，包括：气候条件、建筑层数、建筑面积、建筑类型、建筑结构、建成年代、改造年代、建筑现状；研究确定了建筑单体决策的决策变量为单体改造策略，建筑组合决策的决策变量为改造规划；构建了包含建筑改造总面积目标、改造总成本、屋顶光伏发电量、改造标准要求以及屋顶总面积等决策目标和约束条件。

（3）围绕建筑改造多阶段决策过程，分别建立了三个决策方法，包括既有建筑单体改造策略决策方法、既有建筑组合改造规划决策方法以及既有建筑动态改造决策方法；分析研究了三个方法之间的关系及模型的决策过程；明确了既有建筑单体改造策略决策方法的输出为既有建筑组合改造规划决策方法的输入，既有建筑动态改造决策方法需整合既有建筑单体改造策略决策方法和动态气候条件数据。

第 3 章

建筑单体改造策略决策方法

建筑节能改造

智能决策模型及方法研究

本章首先针对建筑单体改造策略决策的半结构化特点，构建基于知识挖掘技术的建筑单体决策框架。而后针对建筑单体改造决策中围护结构、HVAC 系统以及可再生能源系统不同的知识需求，分别构建包含301 个既有建筑节能改造和167个绿色认证建筑优秀方案的案例库，进行数据预处理及编码。最后，分别针对围护结构、HVAC 系统及可再生能源系统的改造策略，从特征重要性和样本贡献度角度开展不同机器学习算法的分析和比较讨论，确定分别适用于建筑单体围护结构、HVAC 系统改造策略决策以及可再生能源系统改造策略决策方法的挖掘算法。

3.1　算法选择

《哈佛商业评论》曾有报告指出，基于人工智能的知识挖掘技术正在推动半结构化信息的提取和理解应用。利用知识挖掘技术可以获取隐形的、潜在有用的信息，并将其用于支持决策。基于知识挖掘算法的决策支持模型已在工业、医学和交通领域广泛应用。以往的研究表明，在建筑全生命周期各个阶段的决策中，隐性知识都可以发挥很好的支持作用。一些研究调查了项目目标与关键要素之间的联系，比如成本超支、冲突分析、工期延误和设计效率提高等方面。还有一些研究将基于人工智能的知识挖掘技术用于新建筑围护结构设计、安全事故管理、施工成本优化等决策问题。在建筑相关研究中，常用的知识挖掘技术包括机器学习算法和案例推理等。具体而言，有研究利用案例推理技术，挖掘改造方案案例库中与目标改造建筑相似的案例，获得相似案例的改造策略作为目标建筑的改造策略参考。结果表明，从改造方案案例库中获得的隐性知识可被挖掘重用，为目标建筑提供改造策略建议。然而，这个过程中并没有对案例推理结果的有效性进行评价反馈，比如准确性、召回率等。此外，案例推理作为隐性知识挖掘方法，通过学习某个相似案例来为目标案例提供决策参考，忽略了案例库其他改造方案中所隐含的优秀经验，且输出结果的颗粒度较大（文字描述类改造措施建议），不能提供结构化改造策略，而使用机器学习分类算法可以在一定程度上解决该问题。

机器学习通过对数据进行挖掘分析，利用所挖掘的经验知识支持决策。本章将介绍机器学习在既有建筑节能改造的知识挖掘过程，包括案例特征确定、机器学习模型训练、输出改造策略以及机器学习效果评价。虽然，以往的研究已经证明机器学习可以解决非线性问题并取得较好的效果，过程包括分析特定问题、确定期望结果、收集历史数据、提取特征，最后利用算法实现从输入到输出的过程，并对其效果进行评价。因此，不同的机器学习算法在不同问题上的应用效果可能不同，每种算法在特定问题、特定特征选择和特定参数设定的模型中都可能有不同的预测效果。本节的主要目标是通过探索输入特征和算法关键参数来创建准确的机器学习模型，本节研究框架如图 3-1 所示。

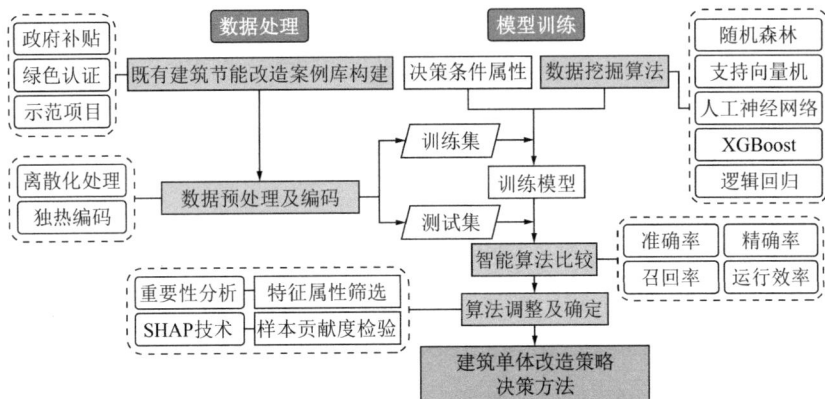

图 3-1　基于经验知识挖掘的建筑单体改造策略决策方法框架

　　由于机器学习分类算法对不同类型的问题的决策结果存在较大的差异，以往对机器学习算法的研究并不能直接应用于本研究，但可以为算法选择提供参考。在以往的研究中，很多算法被用于挖掘隐性知识并支持决策，包括支持向量机（Support Vector Machine，SVM）、人工神经网络（Artificial Neural Networks，ANN）、随机森林（Random Forest，RF）、逻辑回归（Logistic Regression，LR）和 XGboost（Extreme Gradient Boosting）算法等，这些算法也是目前使用最广泛的数据挖掘算法。具体来说，有研究使用 XGBoost 算法来预测建筑结构的健康情况和质量；也有研究利用四种不同的机器学习算法建立了一种预测模型来挖掘实现建筑能耗净零的隐性知识，包括多元回归、XGBoost、随机森林和人工神经网络算法；还有研究使用人工神经网络来挖掘、预测和识别建筑工程成本超支问题。通过对比分析以往研究，本研究初步选择四种机器学习算法，包括随机森林、支持向量机、人工神经网络、XGBoost 算法和逻辑回归算法来进行基于知识挖掘算法的建筑单体改造策略决策方法的构建。为进一步了解和分析这五种算法，本节将对其进行简要介绍。

（1）随机森林

随机森林是由 Leo Breiman 在 2001 年提出的一种利用多棵树对样本进行训练的分类算法，其基础是决策树分类算法，将训练集分成 m 个新的训练集，并为训练样本集构建新的训练决策树，在每个节点选取一部分特征，并在抽到的特征中找到最优解，进行分裂，每一个决策树的投票结果决定了数据分类的结果。对于决策树的原理部分，以往研究提供了参考，在此不再赘述。随机森林通过组合多个决策树分类器可以处理高维数据且无需进行特征选择，这在一定程度上提高了模型的预测效果，避免了过拟合情况的出现。由于该方法具有高度的通用性、较快的学习速度和简单的实现过程，可以很好地处理分布不均的数据，对于平衡数据错误很有效，如果丢失一个或者多个特征，也可保持一定的准确率，因此，在以往的研究中被广泛应用。

（2）支持向量机

支持向量机作为一种基于统计学习理论的广义线性分类器，可以通过核方法进行非线性分类。非线性支持向量机是由 Vapink 等人在 1992 年提出并应用的，其通过非线性映射将输入向量从原始空间转换为希尔伯特高维空间，在该特种空间中，存在超曲面可以将正样本和负样本分开。其以最大化正样本和负样本之间的间隔边界距离确定最佳分类超曲面，间隔边界上的样木为支持向量，也就是最接近决策超曲面并定义理想分类超曲面位置的数据点。为了最小化数据的分类误差，这个过程中的超曲面被定义为决策边界。支持向量机的详细概念和算法已在许多研究中进行描述，可作为参考。支持向量机的优点是能够用少量数据解决机器学习问题，对于非线性问题，支持向量机可以提高泛化性能，解决高维问题，还可以避免因为神经网络结构选择和局部样本数据极小问题带来的误差。

（3）人工神经网络

人工神经网络是 20 世纪 80 年代以来人工智能领域的研究热点，是一种模拟大脑功能的计算机程序，其主要结构是三层：输入层、隐藏层和输出层。神经网络由许多节点（神经元）和点与点之间的连接组成，网络中的每个节点代表一个称为激励函数的输出函数，点与点之间的连接代表通过该连接传输信号的权重。网络的输出取决于其连接模式、权重和激励函数。该算法的基本概念和应用已在以往研究中讨论过。这种方法被广泛使用在生物医学、机器人、经济等领域，是因为其在处理大量数据时具有明显的优势，包括具有自学习功能、联想存储功能和高速寻找有优解的能力。然而，当没有足够量的样本数据时，其有效性可能不明显或较差。因此，本研究尝试将其作为一种备选算法。

（4）XGBoost 算法

XGBoost 也是基于 Boosting 决策树算法的一种改进方法。Boosting 决策树方法是基于加法模型和决策树模型提出的阶段加法模型。其中，前向分段加法模型指的是基于基础模型的同步优化叠加，每一个模型都用来拟合在前段模型拟合中产生的残差。另一方面，XGBoost 算法使用二阶泰勒展开来计算目标函数，并引入二阶导数来提高精度。XGBoost 算法的灵活性体现在该算法在目标函数求解过程中包含正则化项，有助于避免过拟合。目前，也有许多文章详细分析了 XGBoost 算法的原理和应用，可作为参考。典型的决策树算法易于理解和解释，但存在严重的过拟合风险，应用场景有限。为了解决这一挑战，随机森林算法采用随机采样、随机特征选择和模型集成来最大限度地减少过拟合的风险。相对于随机森林，XGBoost 算法进一步整合了多棵决策树之间的关系，使森林不再是单独的，而是成为一个有序的集体决策系统。同时，为了避免过度拟合的问题，在每次迭代过程中将正则化项引入目标函数。XGBoost 的优化标准完全基于目标函数的最小化推导，并在推导过程中插入了二阶泰勒公式进行展开，以允许用户定义损失函数。此外，XGBoost 算法继承了以往决策树相关算法的随机采样、随机特征选择和保证高效学习等实用功能，使特征计算能够并行化。因此，XGBoost 算法是目前被公认具有良好准确性和学习能力的方法。

（5）逻辑回归算法

逻辑回归（Logistic Regression，LR）是一种广泛应用于分类问题的统计学习方法。逻辑回归的核心思想是通过线性组合输入特征，并使用 Sigmoid 函数（或 Softmax 函数，在多分类情况下）将线性输出映射到概率空间，从而实现对样本类别的预测。逻辑回归的优点在于其模型简单、易于解释，且计算效率高。由于其线性特性，逻辑回归在处理线性可分或近似线性可分的数据时表现良好。此外，逻辑回归可以通过引入正则化项（如 L1 正则化或 L2 正则化）来避免过拟合，从而提高模型的泛化能力。然而，逻辑回归也存在一些局限性。由于其本质上是线性模型，逻辑回归在处理非线性关系时表现较差。为了克服这一问题，可以通过特征工程（如多项式特征、交互特征等）或使用核方法来扩展逻辑回归的表达能力。

3.2 数据预处理与案例库构建

3.2.1 案例收集

数据是知识挖掘的基础，数据质量直接影响知识挖掘技术的效果。本研究需要使用具有借鉴意义和参考价值的建筑改造案例作为原始数据。在以往的建筑改造过程中，涉及的专家经验等难以表达的知识往往隐含在既有建筑节能改造案例中。虽然目前还没有一个结构化的公式来描述建筑改造决策，但是可以从案例中了解到待改造建筑的特征属性，例如气候区、建筑类型改造前的状态和改造策略。改造案例的最初状态可以作为建筑单体改造策略决策方法的输入特征，而改造策略可以作为输出结果。因此，目标案例决策结果的质量决定了决策方法的输出质量，需要使用已经改造并有一定借鉴意义和改造效果的案例。

最终，通过严格筛选既有建筑节能改造案例，确定了三类值得进行知识挖掘且具有较高参考价值的案例。

1）具有绿色建筑认证证书的建筑节能改造案例。这部分案例主要是在改造后根据绿色建筑评价标准对改造的节能效果等方面进行评价。目前被广泛应用的认证规范标准有美国的 LEED（Leadership in Energy & Environmental Design Building Rating System）标准、英国的 BREEAM（Building Research Establishment Environmental Assessment Method）标准和中国的《绿色建筑评价标准》GB/T 50378—2019（2024 年版）。这些标准认证的改造案例在可持续发展、节能、节水、节材等方面都具有很强的参考价值。但是，由于绿色建筑认证既包括新建建筑也包括既有建筑，且目前既有建筑参与绿色标准认证的比例较低，仅靠获得认证的改造建筑案例无法满足机器学习建模的需求。因此，本研究将用接下来的两个案例来源作为补充，以确保选取的案例数足够，且具有更高的实用性。

2）改造后获得政府节能改造项目补贴的案例。政府为推动节能改造，出台了一系列相关政策，其中包括资金补贴政策。具体而言，建筑部门可通过改造既有建筑来达成节能目标，如果改造后的建筑能满足政策要求的节能标准（通常节能率提升20%以上），就有资格获得政府资金补贴。例如，无锡市在2021年发布了既有建筑节能改造专项资金支持政策，对于能耗下降明显（超过50%）的改造项目，政府会给予资金补贴。因此，已经获得政府资金补贴的项目代表其改造效果较好，具有一定的参考价值，这些项目隐含了符合本研究所要求的隐形经验知识。

3）各地政府或研究机构选定的既有建筑节能改造示范项目。政府或研究机构会选定一些既有建筑节能改造示范项目，并将其整理和宣传。这些案例不仅在改造节能方面具有很好的效果，而且在改造方案选择和技术应用方面也具有很强的示范效应。例如，2018年，常州市组织实施了20个既有建筑节能改造示范项目，这些单体建筑的节能率提升了20%以上。这部分案例具有很好的示范作用，符合本研究对目标案例的要求。

按照以上收集改造建筑案例的标准，调研了负责绿色建筑评级、既有建筑改造补贴以及建筑改造策略研究等方面的政府部门和机构。最终，共收集了435个既有建筑节能改造案例，这些案例覆盖了4个主要气候区和6种主要的建筑类型。根据机器学习模型对数据的要求，筛选出了301个信息完整且有效的案例，用于构建既有建筑节能改造案例库。该案例库将为机器学习模型挖掘隐性知识提供基础。

但是值得注意的是，这三类案例中发生可再生能源利用的既有建筑改造案例占比较少，这可能是由于在传统节能改造案例中，围护结构改造和HVAC系统改造是常见改造措施，而对于可再生能源的利用并没有引起重视，因此，对于建筑单体可再生能源技术的利用方面，本研究增加选取了167个具有绿色建筑认证证书的新建建筑案例作为补充。这部分案例虽然为新建建筑，但其对于可再生能源利用的经验仍可以用在既有建筑的改造中。这些新建建筑案例同样涵盖了4个主要气候区和6种主要建筑类型，其中，采用可再生能源技术的案例超过半数，可以为建筑改造的可再生能源技术利用提供参考。

3.2.2 数据预处理

数据预处理和编码是建立机器学习模型的必要步骤之一，其主要作用是将机器不能直接读取的原始数据信息转换为可读的编码数据。选择何种方法来完成这种转换对于机器学习算法的预测结果具有关键影响，本节将重点介绍这部分内容。

针对不同的数据类型，有不同的编码器可供选择。对于分类数据，常用的编码器有简单数字编码和独热编码（One-hot Encoder）。简单数字编码将不同的分类结果从 0 到N进行编码。独热编码则利用N位寄存器来对N个分类进行编码，每个类别都用一位表示，且只有一位有效。例如，对于建筑类型这个特征，包括办公建筑、商店建筑、居住建筑、教育建筑、医院建筑和旅馆建筑 6 种类型，可以使用独热编码来表示，分别为[1,0,0,0,0,0]、[0,1,0,0,0,0]、[0,0,1,0,0,0]、[0,0,0,1,0,0]、[0,0,0,0,1,0]和[0,0,0,0,0,1]。针对连续数据，可以使用聚类算法进行编码处理，先将数据进行聚类分类，再进行编码。通过对 2.2 节中确定的决策特征属性进行分析整理，对每个特征进行预处理，并选择相应的编码方法和建筑改造策略的标签，具体信息见表 3-1。

不同特征数据预处理编码方式　　　　　　　　　表 3-1

特征类型	特征具体表示		编码方法	取值范围
气候条件	温度	平均气温	数值编码	连续性数字
		最高气温	数值编码	连续性数字
		最低气温	数值编码	连续性数字
		全年温差	数值编码	连续性数字
	气候区		独热编码	[1,0,0,0], [0,1,0,0], [0,0,1,0], [0,0,0,1]
建筑基础信息	建筑层数		数值编码	正整数
	建筑面积		聚类处理	[0,1,2,3,4,5,6,7]
	建筑类型		独热编码	[1,0,0,0,0,0], [0,1,0,0,0,0], [0,0,1,0,0,0], [0,0,0,1,0,0], [0,0,0,0,1,0], [0,0,0,0,0,1]
	建筑结构		独热编码	[1,0,0,0,0], [0,1,0,0,0], [0,0,1,0,0], [0,0,0,1,0], [0,0,0,0,1]
改造特定特征	建成年代		独热编码	[1,0,0,0], [0,1,0,0], [0,0,1,0], [0,0,0,1]
	改造年代		独热编码	[1,0,0,0], [0,1,0,0], [0,0,1,0], [0,0,0,1]
	围护结构现状		独热编码	[1,0,0], [0,1,0], [0,0,1]
	HVAC 系统现状		独热编码	[1,0,0], [0,1,0], [0,0,1]

为了更好地理解本研究中的编码过程，本章用一个详细的示例来进行说明。该案例是一座位于寒冷地区的 4 层办公建筑，面积为 5400m²，建于 1980 年，采

用砖混结构,并于 2013 年进行了建筑改造。在改造前,该建筑的围护结构没有保温措施,HVAC 系统的能耗水平刚刚达标。预测改造策略是对围护结构进行完全改造,且对 HVAC 系统进行供暖改造。对于这个例子,其编码过程见表 3-2。其中,第 1 列代表进行预处理后的特征序号;第 2 列指的是当用"气候区"这一分类数据来描述气候条件时的编码情况;第 3 列指的是当用历史天气(以 1980 年为例)数据来描述气候条件时的编码情况;第 4 列指的是当用未来天气(以 SSP245 情景下 2020 年为例)数据来描述气候条件时的编码情况。

编码案例详细信息 表 3-2

特征	特征序号	气候区	历史动态气温数据	未来气温预测数据
气候条件	0	0	12.91	13.62
	1	1	26.13	26.9
	2	0	−2.74	−1.78
	3	0	28.87	28.68
建筑类型	4	1	1	1
	5	0	0	0
	6	0	0	0
	7	0	0	0
	8	0	0	0
	9	0	0	0
建筑面积	10	2	2	2
建筑结构	11	0	0	0
	12	0	0	0
	13	0	0	0
	14	1	1	1
	15	0	0	0
建筑层数	16	4	4	4
	17	0	0	0
建成年代	18	1	1	1
	19	0	0	0

续表

特征	特征序号	气候区	历史动态气温数据	未来气温预测数据
建成年代	20	0	0	0
	21	0	0	0
改造年代	22	0	0	0
	23	1	1	1
	24	0	0	0
	25	0	0	0
建筑现状	26	1	1	1
	27	0	0	0
	28	0	0	0
	29	0	0	0
	30	1	1	1
	31	0	0	0
预测结果	32	7	7	7
	33	1	1	1

3.3 围护结构与 HVAC 决策支持模型训练及调整

在 2.1.1 节中，介绍了本研究机器学习的框架，包括数据处理和模型训练。此外，模型评估也是机器学习模型的核心内容，本研究将预处理后的案例库样本按照 30%和 70%的比例随机分成测试集和训练集，即 91 个案例为测试集，210 个案例为训练集。其中，测试集和训练集利用 Python 中的"random（）"语句生成。利用已经选定的四种机器学习算法对训练集进行建模学习，并利用测试集对其结果进行比较分析。

为了比较不同算法构建的既有建筑单体改造策略决策方法的效果，需要对不同算法预测结果进行评价，建筑单体改造策略决策方法的输出，即机器学习算法的预测结果如图 3-2 所示，属于离散标签，包括外墙、外窗和屋顶是否需要改造。因此，建筑单体改造策略决策是一个典型的分类决策问题。

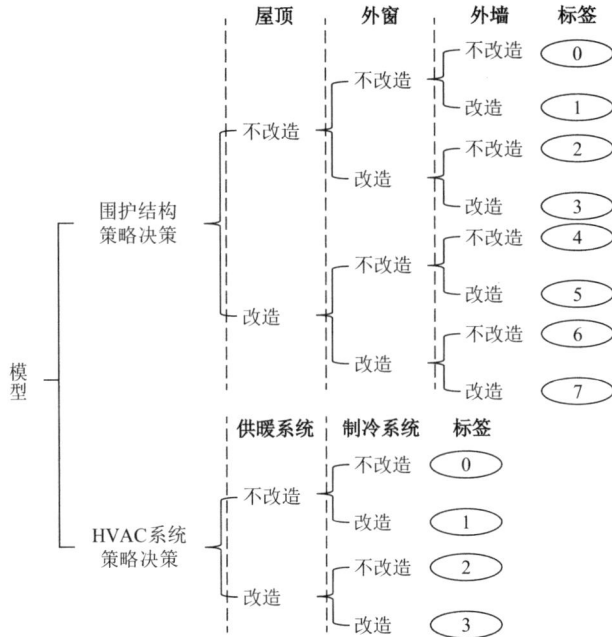

图 3-2 机器学习算法的预测结果

对于分类算法预测结果的评价指标目前以准确率、召回率、精确率和F值为主。具体来说，这四个指标的计算公式如式(3-1)～式(3-4)所示，分别代表准确率（*Accuracy*）、召回率（*Recall*）、精确率（*Precision*）和F值（F_{score}）。

$$Accuracy = \frac{TP + TN}{TP + FP + FN + TN} \qquad (3\text{-}1)$$

$$Recall = \frac{TP}{TP + FN} \qquad (3\text{-}2)$$

$$Precision = \frac{TP}{TP + FP} \qquad (3\text{-}3)$$

$$F_{score} = 2 \times \frac{(Precision \times Recall)}{(Precision + Recall)} \qquad (3\text{-}4)$$

式中，*TP*代表的预测改造策略为正，实际改造策略和预测改造策略一致也为正的情况；*TN*代表的是预测改造策略为负，实际改造策略和预测改造策略一致也为负的情况；*FP*代表的是预测改造策略为正，实际改造策略和预测改造策略不一致，为负的情况；*FN*代表的是预测改造策略为负，实际改造策略和预测改造策略不一致，为正的情况。

准确率代表的是整个测试集的所有预测结果中，预测改造策略和实际改造策略一致的样本占比情况；召回率代表的是对于所有实际改造策略为正的案例，其预测改造策略为正的样本占比情况；精确率代表的是对于所有预测改造策略为正的案例，其实际改造策略也为正的样本占比情况；F值就是精确率和召回率的调和平均数，用来完整衡量一个算法的整体预测效果。

本研究采用训练集（train_acc）和测试集（test_acc）的准确率比较来确认是否存在过拟合的情况。此外，本研究还增加了算法执行时间作为评估不同算法性能的参考指标，一般来说，算法的各项评估指标越好，执行项目时间越短，应用价值越高。本章五种算法的结果如表所示。其中，运行时间测量过程中采用的电脑配置为 CPU 为 Intel(R) Core(TM) i7-7700 CPU @ 3.60GHz 3.60 GHz，运行内存为 16.0GB，不同算法的运行时间均在 5s 以内，证明此算法对算力要求不高，计算机完全可以胜任，模型对电脑硬件要求不高，适用性比较强，结果见表 3-3。

不同算法的结果　　　　　　　　　　　表 3-3

结果		训练集准确率	测试集准确率	精准率	召回率	F值	运行时间（秒）
围护结构	RF	99.05%	74.73%	0.7631	0.7473	0.7551	0.0790
	SVM	85.71%	72.53%	0.7638	0.7253	0.7441	0.0419
	ANN	80.95%	65.93%	0.6843	0.6593	0.6716	4.7294
	XGBoost	85.24%	76.92%	0.7671	0.7692	0.7681	0.3421
	LR	85.24%	60.44%	0.6222	0.6044	0.6132	1.0256
HVAC	RF	99.05%	74.73%	0.7671	0.7473	0.7571	0.0490
	SVM	81.43%	69.23%	0.6447	0.6923	0.6677	0.0352
	ANN	78.10%	60.44%	0.5096	0.6044	0.5530	3.3265
	XGBoost	81.43%	71.43%	0.7059	0.7143	0.7101	0.2456
	LR	71.90%	65.93%	0.7222	0.6593	0.6894	0.9652

对于围护结构改造预测来说，随机森林算法表现出比较严重的过拟合现象，因为训练集的准确率要比测试集的准确率大得多（99.05% > 74.73%）。人工神经网络算法的准确率为 65.93%，且执行时间比其他算法长。XGboost 算法准确率最高为 76.92%，且几乎没有过拟合现象，初步模型的准确度、精度、召回率和F值

均较高，且运行时间在允许的范围内。基于上述分析，XGBoost 算法适用于本研究中对于围护结构改造策略的预测，将对其进行进一步的特征分析和样本贡献检查。

对于 HVAC 系统改造预测来说，与围护结构改造预测结果类似。随机森林算法仍然表现出了比较严重的过拟合情况，其中训练集的准确率达到了 99% 以上，而测试集准确率只有 74%。人工神经网络准确率仍不高为 60.44%，且运行时间较长，主要原因可能是神经网络更适用于数据量大、特征维度复杂的问题。而支持向量机的准确率也没有达到 70%。对于 HVAC 系统的改造预测来说，XGBoost 算法在准确率、精准率、召回率和 F 值上均表现较好，其不存在严重的过拟合现象，而且运行时间在接受范围内。因此，将对基于 XGBoost 算法的 HVAC 系统改造策略决策方法进行特征分析和样本贡献检查。

3.3.1　特征重要性分析

对于机器学习模型来说，特征是模型的输入，也是对待解决问题的描述。每个特征代表不同的信息，不同的模型可能包含不同数量和种类的特征。其中，一些特征提供了对模型结果有帮助的重要信息，而一些特征则对模型结果没有帮助，甚至会产生副作用的冗余信息。本节主要是采用 Python 语言中特有的对模型进行特征重要性分析的模块（plot_importance）对 2.2 节中选定的特征进行检查和排序。该模块主要为了：①确定每个特征的重要性，对其进行重要性排序；②根据数据预处理后的特征序号对特征重要性进行可视化。该模块原理是特征重要性与使用决策树进行决策的频率有关。通常，在分类算法中分割该特征的频率越高，分割后该特征对模型预测结果产生的增益（正向作用）越高，其重要性越大。围护结构的特征重要性和 HVAC 系统的特征重要性分别如图 3-3 和图 3-4 所示。

对于围护结构改造策略决策来说，特征重要性值变化范围为 5~55，前三个关键特征是围护结构现状、楼层（地上）及改造年代，其重要性值分别为 55、40 和 33。对于 HVAC 系统改造策略决策来说，特征重要性值变化范围为 3~38，前两个关键特征因素为楼层和建筑面积。虽然，特征值可以说明特征的重要性，但尚不清楚影响是正面还是负面，需要对特征进行逐一剔除，观察模型各项评估指标最终的变化情况。

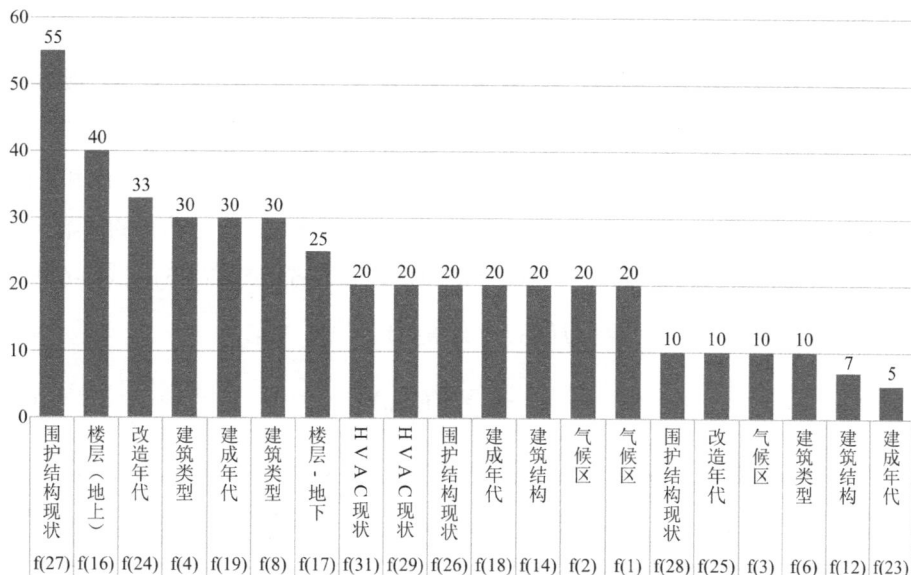

图 3-3 围护结构改造策略预测模型特征重要性

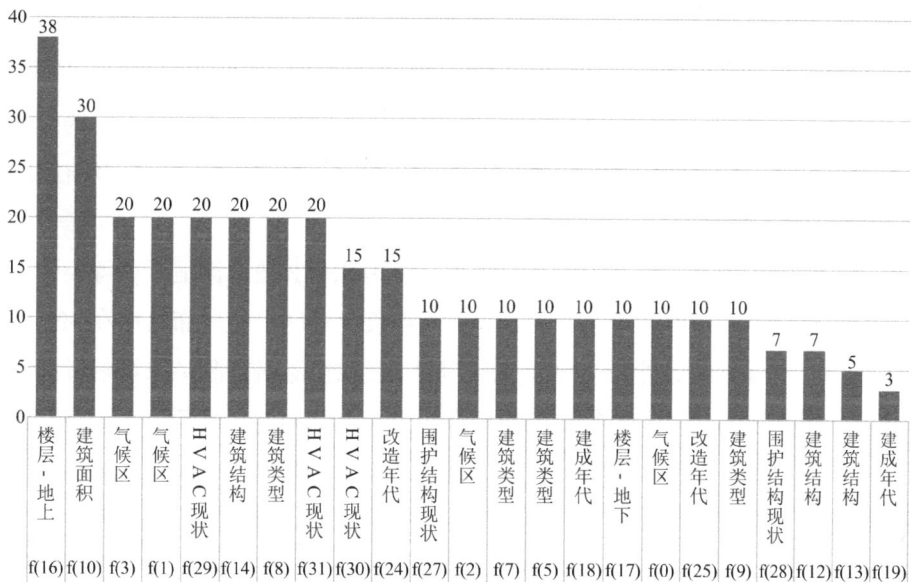

图 3-4 HVAC系统改造策略预测模型特征重要性

3.3.2 样本贡献度分析

对于机器学习算法来说，不仅特征可能对最终算法的预测结果有负面影响，样本质量也会影响机器学习算法的学习效果。样本中如果存在少数负面样本就会对训练结果有较大的负面影响。针对这一问题，本节拟采用 SHAP（Shapley Additive exPlanations）技术进行贡献度检验。SHAP 技术经常用于评估样本性能，被视为基于合作博弈论的加性解释模型，通过计算 SHAP 值来确定每个样本对模型预测结果的贡献。通过对样本的 SHAP 值计算，可以成功地识别出对预测结果有正面和负面影响的样本，从而剔除负面样本，保留正面即对预测结果提供了有效信息的样本，从而可以进一步提高预测的准确性。具体来说，SHAP 值的描述如式(3-5)、式(3-6)所示。

$$y_i = \bar{y} + f(x_{i1}) + f(x_{i2}) + \cdots + f(x_{im}) \tag{3-5}$$

$$C_i = \sum_{m=1}^{M} f(x_{im}) \tag{3-6}$$

假设i代表的是案例库样本i，m代表的是特征m，对于样本i来说，共有M个特征。在式(3-5)和式(3-6)中，x_{im}代表样本i的特征m，采用该模型对样本i的预测结果为y_i，$f(x_{im})$代表的是样本i特征m的 SHAP 值，代表了样本i特征m对于最终预测结果y_i的贡献度。如果$f(x_{im}) > 0$，证明样本i特征m对最终预测结果有正向作用；相反地，如果$f(x_{im}) < 0$，证明样本i特征m对最终预测结果有负向作用。而C_i代表的是对于样本i的所有M个特征的 SHAP 值加和，代表的也是样本i对于最终预测结果y_i的贡献度。

对训练集的 210 个样本进行贡献度检验，围护结构改造策略决策中的样本贡献度和 HVAC 系统改造策略决策中的样本贡献度 SHAP 值分布直方图分别如图 3-5 和图 3-6 所示。

对于围护结构改造策略决策方法来说，使用 SHAP 技术评估了训练集中样本对外墙、外窗和屋顶改造策略预测选择的贡献度，SHAP 值分布集中在-0.027～0.018之间，为了确保机器学习预测的准确性，尝试删除对预测结果影响过高或者过低的样本，该部分样本容易让预测结果产生较大的偏差。逐渐改变 SHAP 值绝对值的阈值范围，发现删除 SHAP 绝对值大于 0.02 的样本后，模型的准确率没有明显变化，超出该范围的样本对围护结构改造策略的预测结果没有正向作用，样本编号为 6、42、73、115、131、146、152、170、196 的 9 个噪声样本被剔除。

对于 HVAC 系统改造策略决策方法来说，使用 SHAP 技术评估了训练集中样本对 HVAC 系统改造策略选择的贡献度，SHAP 值分布集中在-0.026～0.017之间。为确保机器学习预测结果的准确性，尝试删除对模型影响过高或者过低的样本。通过逐渐改变 SHAP 值绝对值的阈值范围，发现当删除 SHAP 绝对值大于 0.025 的样本后，模型的准确率有所提升。因此，超出该范围的样本被视为 HVAC 系统改造策略预测模型的噪声数据，其样本编号为126、191的2个噪声样本被剔除。

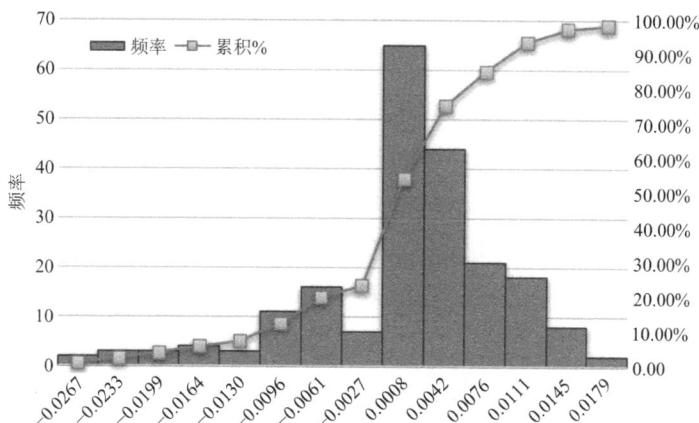

图 3-5 围护结构样本 SHAP 值分布直方图

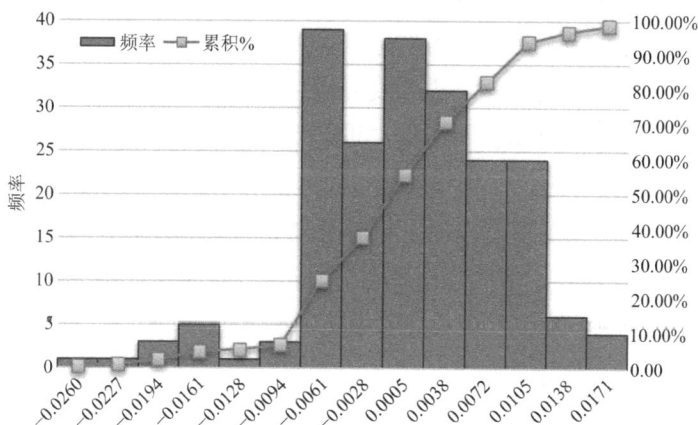

图 3-6 HVAC 系统样本 SHAP 值分布直方图

3.3.3 机器学习模型确定

根据特征重要性逐一删除，并比较预测结果的准确性变化。结果发现，不仅地上楼层数、建筑结构、气候区等是较为重要的特征，且他们对机器学习预测结果的影响是正面的。当逐一对特征进行剔除时，无论是围护结构改造策略决策还是HVAC 系统改造策略决策的预测结果准确率都有所降低。因此，最终经过特征重要性检验和特征逐一剔除检验，对最初的特征均进行了保留。此处，选择最重要的三个特征剔除后的结果进行了比较，结果分别如图3-7 和图3-8 所示。

对于围护结构改造策略预测结果来说，剔除围护结构现状特征后，准确率下降较大,说明围护结构现状特征对于围护结构改造策略预测来说起着很大的正向作用,不能剔除;同样的,将楼层和改造年代特征进行剔除后,发现准确率有所下降。因此,对于围护结构改造策略决策方法,保留了所有初始特征。对于样本贡献度来说,不同模型的样本 SHAP 值中位数如图中标签所示,将对于预测结果有极大正向或者负向影响的样本进行剔除发现,Model 1、Model 3 和 Model 4 的准确率没有受到影响,证明剔除样本属于无效信息;Model 2 准确率反而有所上升,证明剔除的样本对于围护结构预测来说有负向作用,这也体现了进行样本贡献度检验的必要性。

对于 HVAC 系统改造策略预测结果来说,剔除楼层特征后,准确率并没有变化,考虑到建筑楼层的重要性,还是对楼层特征进行了保留;剔除建筑面积特征后,模型的初始准确率相比有所上升,为 72.53%,但对样本进行贡献度检验后,模型的准确率没有变化,并没有所有特征(Model 1)准确率提升得大,证明进行剔除后准确率提升潜力有所下降;剔除气候区后,准确率有明显的下降,低于 70%,虽然样本贡献度检验后其准确率有所提高,仍低于 Model 1 的准确率。因此,最终经过特征逐一剔除检验和样本贡献度分析,对 HVAC 系统改造策略的预测模型进行了所有初始特征的保留。对于样本贡献度来说,这四组模型的 SHAP 值中位数如图中标签所示,在进行了样本贡献度检验后,Model 1、Model 2 和 Model 4 的准确率均有所上升,特别是 Model 1、Model 2 的准确率上升比较明显,证明所剔除的样本对 HVAC 系统改造策略预测有负向作用,体现了样本贡献度检验的必要性;Model 3 准确率并没有变化,证明剔除样本属于无效信息。

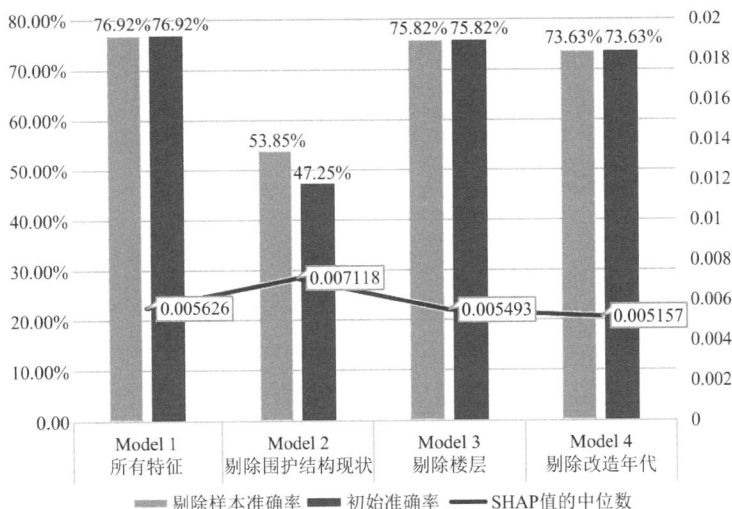

图 3-7 围护结构剔除相关特征和样本后表现

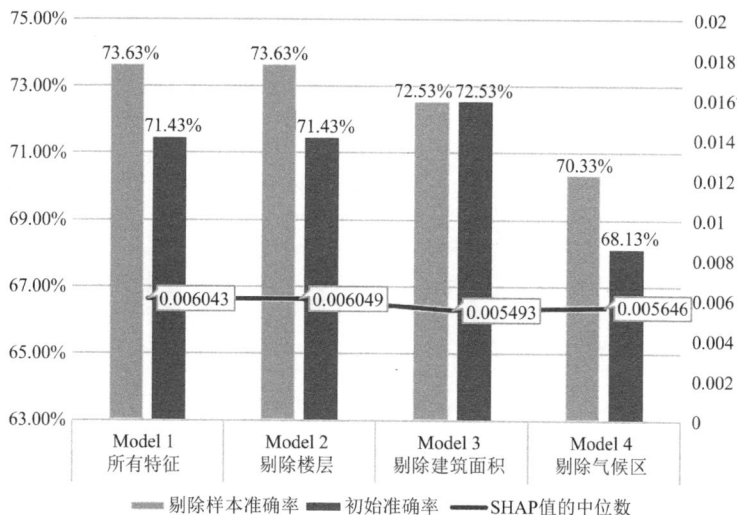

图 3-8 HVAC 系统剔除相关特征和样本后表现

3.4 可再生能源决策支持模型训练及调整

本研究根据可再生能源决策支持模型的特点，进一步对比了常用的三种机器学习算法进行初步训练：随机森林（RF）、逻辑回归（LR）和支持向量机（SVM）。RF 是一种集成学习算法，它构建多个决策树并聚合它们的预测，以提高整体准确性和稳定性。随机森林在构建每棵树时随机选择特征和样本，以确保树之间的多样性。它具有鲁棒性、抗过拟合性，并能有效处理缺失数据，这有助于提高模型的可解释性。LR 是一种常用于二元分类问题的统计回归方法。它使用逻辑函数来预测概率，从而对事件发生的概率进行建模。它相对简单，能够快速进行模型训练，但处理非线性问题的能力有限，通常需要特征变换。SVM 是一种强大的分类算法，可以识别数据点之间具有最大裕度的决策边界。它可以通过使用各种核函数来处理线性和非线性数据集。它在高维空间中具有很强的泛化能力、高度的灵活性和准确性，但其参数调整过程相对复杂。对于可再生能源决策来说，本部分通过筛选确定了 206 个既有建筑节能改造案例（原 301 个案例中有 95 个屋顶光伏改造措施相关信息缺失）和 167 个绿色建筑认证案例，这些案例在屋顶光伏改造决策中有较强的参考价值。样本以 8∶2 的比例随机分为训练集和测试集。准确率和 AUC 用于比较三种算法，结果如图 3-9 所示。从准确性的角度来看，随机森林的表现相对较好，为 93%；而其他两种算法的表现也相似，均为 92% 左右。

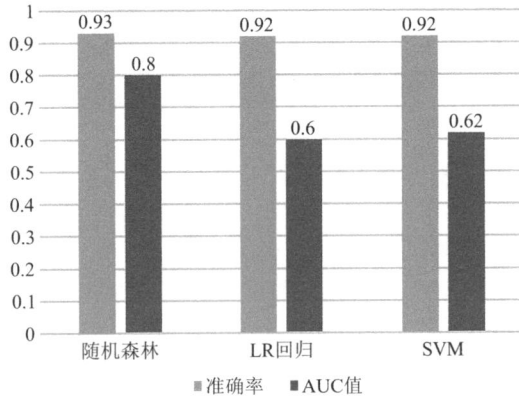

图 3-9　机器学习模型开发结果

AUC（曲线下面积）是一个汇总指标，用于量化分类器区分阳性和阴性类成员的整体能力。AUC 为 0.5 表示没有辨别能力（相当于随机猜测），而 AUC 为 1.0 表示完全辨别。结果表明随机森林在屋顶光伏板改造预测中表现良好，并将用于后续预测。

在可再生能源规划模型中引入相似度计算，进一步强化了模型对历史经验的动态适应能力。通过实时匹配相似案例，系统可结合历史改造效果与新场景的动态特征（如气候变化、技术迭代等），在保证方案可行性的基础上实现知识库的持续进化。这种"经验驱动 + 数据验证"的双向机制既能规避单一预测模型的过拟合风险，又能通过案例相似度的空间映射，为不同区域、类型的建筑提供差异化的改造路径推荐，显著提升了规划方案的实际落地潜力。

相似度计算背后的主要概念是比较两组建筑在多个关键特征上的相似度，旨在评估所考虑的建筑与已经进行光伏板改造的建筑之间的相似度。

最初，进行特征选择和处理，重点关注气候区、建筑类型、建筑面积、建筑结构、建筑层数和建造年份等高度相关的特征。随后，对分类特征应用一种热编码，将非数值数据转换为数值数据进行数学处理。数值特征被归一化，以确保不同特征之间的可比性。然后使用欧几里得距离来测量特征空间内两座建筑物之间的距离。使用公式将距离转换为相似度得分：相似度 = 1/（1 + 距离），表示距离越小，相似度越高。

最后，计算每个预测建筑与经过光伏板改造的建筑之间的相似度，将最大相似度值作为建筑的最终得分。最终的隐性知识挖掘模型结合了基于随机森林算法的既定预测框架，提供了预测的光伏改造可能性和测试集的最大相似度。表 3-4 的最后几列给出了预测概率、相似度和最相似案例序号的具体值。

部分测试集的隐性知识挖掘结果　　　　表 3-4

序号	建筑面积（m²）	建筑结构	建筑层数	建成年代	预测概率	相似度	最相似案例序号
1	2648.49	框架结构	3	2013	0.73	1.00	131
2	3513.89	框架结构	2	2017	0.73	0.96	152
3	14747.55	框剪结构	16	2014	0.69	1.00	198
4	5500	框剪结构	4	2015	0.59	0.94	152
5	31179	框剪结构	3	2013	0.57	0.98	252
6	27309.07	框架结构	5	2014	0.52	0.96	152
7	34719.82	框剪结构	5	2015	0.51	0.98	278

对样本收集的分析表明，目前住宅建筑中光伏板改造的采用率相对较低。为了增强住宅光伏板改造的决策过程，采用机器学习来预测改造的概率，同时为考虑中的建筑物与已经改造的建筑物之间的相似度计算提供了额外的决策参考。

表 3-4 中的最后三列代表了本研究开发的两层智能决策模型中第一层模型的关键输出，表明了每栋建筑的一个新的经验指标："除了现有特征外，还需要在多大程度上进行改造"。该指标也是两层模型第二层优化过程的关键输入。

3.5 本章小结

本章的工作及成果总结如下：

1）明确了既有建筑单体改造策略决策的知识需求和半结构化的问题特点，引入了基于人工智能的知识挖掘技术，构建了可支持建筑单体改造决策的既有建筑单体改造策略决策框架，构建了既有建筑节能改造优秀方案案例库，完成数据预处理和编码。

2）对于围护结构和 HVAC 系统来说，采用 301 个建筑改造案例来训练和测试五种不同的分类算法，包括人工神经网络、支持向量机、随机森林、XGBoost 算法和逻辑回归（LR）算法，比较分析了多种机器学习算法在训练集和测试集中的表现，确定了基于 XGboost 算法的建筑单体围护结构及 HVAC 系统改造策略决策方法。对于可再生能源技术利用来说，采用 206 个建筑改造案例和 167 个绿色建筑认证案例,通过比较随机森林(RF)、逻辑回归(LR)和支持向量机(SVM)算法,确定了基于随机森林算法的建筑单体可再生能源技术利用策略决策方法。

3)采用 SHAP 技术分析检验了既有建筑节能改造优秀方案案例库的全样本贡献度,即 SHAP 值,分别对围护结构和 HVAC 系统改造策略预测进行调整,最终剔除有负面影响和无效的样本,预测结果准确率提高 1%左右。基于 CBR 算法可以为可再生能源技术改造方案提供相似度参考,大多案例的历史相似度集中在 0.8~1.0,可为可再生能源改造决策规划优化提供重要参数。

第 **4** 章

建筑组合改造规划决策方法

建筑节能改造

智能决策模型及方法研究

本章首先针对建筑组合改造规划决策目标优化问题的科学属性，构建以建筑单体改造策略为条件属性，以改造总面积目标、改造总花费和改造标准要求为决策目标约束的可支持建筑组合改造规划的决策框架。而后，研究梳理目标决策模型的约束条件、目标函数、计算方法和数据来源。最后，提出协调整合建筑单体改造策略决策的既有建筑组合改造规划决策方法。

4.1　围护结构及 HVAC 系统目标决策模型

4.1.1　模型说明

本节介绍的是目标决策模型，根据 2.4 节对决策目标的描述和 2.2 节对模型框架的阐述可知，目标决策模型的提出是为了解决建筑组合规划决策的问题，平衡多个相互冲突的目标，所以其目标是在有限改造资金和多个待改造建筑的情况下，确定满足政策目标的可行建筑组合改造规划。因此，该模型的决策需要满足改造总面积目标达标、改造总成本最小且改造符合标准要求。改造总成本最小表示为式(4-1)，改造总面积达标表示为式(4-2)，改造符合标准要求表示为式(4-6)～式(4-12)。此外，在进行模型计算时有以下三个计算原则：

1）改造组合的改造建筑总面积需要达到政策改造目标要求，每一个建筑无论是围护结构系统改造还是 HVAC 系统改造都计算到整体的改造面积中；

2）改造策略需要满足相应的标准要求；

3）每一个建筑的围护结构改造策略只能选择一种，HVAC 系统的改造策略也只能选择一种。

具体如式(4-1)～式(4-4)所示，假设共有N个建筑表示为$\{X_1, X_2, \cdots, X_N\}$。对于每一个建筑$n$假设有$m$个可选择的改造措施，$\{M_{n1}, M_{n2}, \cdots, M_{nm}\}$。$M_{n,m,\text{envelope}}$代表建筑$n$的围护结构改造策略，$M_{n,m,\text{hvac}}$代表建筑$n$的 HVAC 系统改造策略。同样的，$C_{n,m}$表示建筑$n$的改造策略$m$的改造成本。$C_{n,m,\text{envelope}}$表示建筑$n$的围护结构改造策略，$C_{n,m,\text{hvac}}$代表建筑$n$的 HVAC 系统改造策略。

$$\min f(x) = \sum_{n=1}^{N} \sum_{m=1}^{M} (C_{n,m} \times M_{n,m}) \tag{4-1}$$

$$s.t. \begin{cases} \sum_{n=1}^{N} a_n X_n \geqslant A \\ \sum_{m=1}^{M} M_{n,m} = X_n \end{cases} \quad (4\text{-}2)$$

$$M_{n,m} = \max(M_{n,m,\text{envelope}}, M_{n,m,\text{hvac}}) \quad (4\text{-}3)$$

$$C_{n,m} = C_{n,m,\text{envelope}} \times M_{n,m,\text{envelope}} + C_{n,m,\text{hvac}} \times M_{n,m,\text{hvac}} \quad (4\text{-}4)$$

$$n \in N\{1,2,\cdots,N\}$$

$$m \in N\{1,2,\cdots,M\}$$

$$X_n \in N\{0,1\}$$

$$M_{n,m} \in N\{0,1\}$$

$$M_{n,m,\text{envelope}} \in N\{0,1\}$$

$$M_{n,m,\text{hvac}} \in N\{0,1\}$$

式中，A代表的是政策规范、投资者或者业主要求的总改造目标，需要满足总改造面积大于等于A。而且对于建筑n来说，其不发生任何改造用"0"表示，发生改造用"1"表示。其中，无论是围护结构改造还是 HVAC 系统改造或者两者都发生改造，均用"1"表示。式(4-3)就是表示求改造策略的最大值，其中任何系统发生改造都表示建筑n进行了改造。对于建筑n来说，围护结构改造策略只能选择一种，HVAC 系统改造策略也只能选择一种，即$M_{n,m} \in N\{0,1\}$，$M_{n,m,\text{envelope}} \in N\{0,1\}$，$M_{n,m,\text{hvac}} \in N\{0,1\}$。

由于存在两类改造策略，即围护结构改造和HVAC 系统改造，对于围护结构改造一共有 8 种策略，取值为 0~7；对于 HVAC 系统改造一共有 4 种策略，取值为 0~3。对于每一个建筑的改造花费$C_{n,m}$，可以表示为式(4-4)，代表围护结构改造策略花费和 HVAC 系统改造花费之和。其中，如果围护结构发生改造$M_{n,m,\text{envelope}}$取"1"，如果不发生改造$M_{n,m,\text{envelope}}$取"0"；如果 HVAC 系统发生改造$M_{n,m,\text{hvac}}$取"1"，如果不发生改造$M_{n,m,\text{hvac}}$取"0"。

对于围护结构的改造标准要求及花费来说，每一个可选择的围护结构改造策略成本可以用$C_{n,m,\text{envelope}}$表示。在式(4-5)中，$P(\text{wl})_{n,m}$、$P(\text{rf})_{n,m}$、$P(\text{win})_{n,m}$，分别表示围护结构改造策略$M_{n,m,\text{envelope}}$中外墙、屋顶和外窗改造所需材料的单价；$S(\text{wl})_{n,m}$、$S(\text{rf})_{n,m}$、$S(\text{win})_{n,m}$分别表示围护结构改造策略$M_{n,m,\text{envelope}}$中外墙、屋顶和外窗的改造面积；$I(\text{wl})_{n,m}$、$I(\text{rf})_{n,m}$分别表示围护结构改造策略$M_{n,m,\text{envelope}}$

中外墙和屋顶所需的保温层的厚度。K_{win}、K_{wl}、K_{rf}分别表示围护结构改造策略$M_{n,m,\text{envelope}}$中外窗、外墙和屋顶的热工性能，K_{winstand}、K_{wlstand}、K_{rfstand}分别表示标准规定的热工性能。最后，外墙、外窗和屋顶的热工性能需要满足改造标准的要求，列出了式(4-6)～式(4-10)。

$$C_{n,m,\text{envelope}} = P(\text{wl})_{n,m}I(\text{wl})_{n,m}S(\text{wl})_{n,m} +$$
$$P(\text{rf})_{n,m}I(\text{rf})_{n,m}S(\text{rf})_{n,m} + P(\text{win})_{n,m}S(\text{win})_{n,m} \tag{4-5}$$

$$K_{\text{win}} \leqslant K_{\text{winstand}} \tag{4-6}$$

$$K_{\text{wl}} \leqslant K_{\text{wlstand}} \tag{4-7}$$

$$K_{\text{rf}} \leqslant K_{\text{rfstand}} \tag{4-8}$$

$$R = \frac{I}{\gamma} \tag{4-9}$$

$$K = \frac{1}{R} \tag{4-10}$$

其中，$M_{n,m,\text{envelope}}$指的是建筑单体改造策略决策方法输出的围护结构预测改造策略，根据第3章对围护结构预测结果的编码，如果建筑n的预测结果是"屋顶改造"，则m的值为4。根据式(4-9)、式(4-10)和不同的标准要求，可以算出不同材料的消耗，其中对于外墙和屋顶需要再根据保温材料的导热系数γ算出材料所需的厚度，如式(4-10)所示。其中热阻R是材料厚度I和材料导热系数γ的比率，而热工系数指的是不同材料热阻R的倒数。对于外墙和屋顶计算的成本主要是材料单价和所需材料体积的乘积，对于外窗计算的成本主要是材料单价和所需不同窗户类型面积的乘积。

对于HVAC系统的改造策略要求及花费来说，每一个可选择的HVAC系统改造策略的成本可以用$C_{n,m,\text{hvac}}$表示。在该等式中，$P(\text{hvac})_{n,m}$指的是HVAC系统改造策略$M_{n,m,\text{hvac}}$中所用的HVAC系统设备的单价，$S(\text{hvac})_{n,m}$表示的是HVAC系统改造策略$M_{n,m,\text{hvac}}$中所需的HVAC系统设备的辐射面积。COP是HVAC系统中非常重要的指标，代表能效水平。COP_{hvac}代表所选的HVAC系统改造策略$M_{n,m,\text{hvac}}$中HVAC系统的能效水平，COP_{stand}代表不同标准要求规定的HVAC系统能效水平。所选定的改造后的HVAC系统能效水平要符合改造标准要求。列出了式(4-11)和式(4-12)。

$$C_{n,m,\text{hvac}} = P(\text{hvac})_{n,m}S(\text{hvac})_{n,m} \tag{4-11}$$

$$COP_{\text{hvac}} \leqslant COP_{\text{stand}} \tag{4-12}$$

式中，COP_{hvac}表示 HVAC 改造策略对应的COP值；COP_{stand}表示标准规定的COP值。

在以上这些模型中，$M_{n,m,hvac}$指的是机器学习模型输出的 HVAC 系统预测的改造策略，根据第 3 章对围护结构预测结果的编码，如果建筑n的预测结果是"制冷系统进行改造"，则m的值为 1。根据式(4-11)和不同的标准要求，可以选定能效比符合要求的设备。

4.1.2 改造具体措施

在针对建筑单体的改造策略决策方法中，预测结果为外墙、外窗、屋顶、制冷系统及供暖系统是否需要改造。在目标决策模型中，不仅需要知道是否需要改造，更需要知道采用的材料单价、用量等具体的改造措施，以便进一步计算改造成本。

对于围护结构来说，主要是外墙、外窗、屋顶的常用材料用量、单价等；对于 HVAC 系统来说，主要是系统的类型、能效指标COP值等。其中，对于围护结构和 HVAC 系统的材料、用量及设备指标，主要参考设计图集《既有建筑节能改造》16J908-7。对于材料及设备的价格信息，主要参考各地住房和城乡建设部门官网公布的工程造价信息。具体围护结构和 HVAC 系统各部分的改造要求、常用材料指标类型、材料单价等信息分别见表 4-1 和表 4-2。对于围护结构来说，外墙主要的改造措施包括：粘贴保温板外保温系统，主要材料是聚苯乙烯泡沫塑料（挤塑）（简称 XPS），导热系数为 0.033W·(m·℃)$^{-1}$；保温砂浆外墙外保温系统，主要材料是聚苯乙烯泡沫塑料（模塑）（简称 EPS），导热系数为 0.039W·(m·℃)$^{-1}$；胶粉聚苯颗粒贴砌浆料复合聚苯板外墙外保温系统，主要材料是硬质聚氨酯泡沫塑料（简称 PUR），导热系数为 0.024W·(m·℃)$^{-1}$；保温装饰板外墙外保温系统，主要材料是岩棉板，导热系数为 0.048W·(m·℃)$^{-1}$。外窗主要选择满足传热系数要求且常用的类型，包括铝包木、铝合金和塑钢内平开窗，主要材料是隔热铝合金窗，导热系数为 1.7W·(m·℃)$^{-1}$；塑钢内平开窗，其导热系数为 1.5W·(m·℃)$^{-1}$；胶条增强封闭推拉窗，导热系数为 1.5W·(m·℃)$^{-1}$。屋顶的主要改造做法包括平屋面保温、架空保温屋面和坡屋面保温构造，主要材料包括聚苯乙烯泡沫塑料（挤塑）（简称 XPS），导热系数为 0.033W·(m·℃)$^{-1}$；聚苯乙烯泡沫塑料（模塑）（简称 EPS），导热系数为 0.039W·(m·℃)$^{-1}$；硬质聚氨酯泡沫塑料（简称 PUR），导热系数为 0.024W·(m·℃)$^{-1}$。

围护结构改造策略及价格描述　　　表 4-1

围护结构	措施描述	主要材料	单价（元/m³）	导热系数 [W·(m·℃)⁻¹]
外墙	粘贴保温板外墙外保温系统	聚苯乙烯泡沫塑料（挤塑）XPS	810.00	0.033
	保温砂浆外墙外保温系统	聚苯乙烯泡沫塑料（模塑）EPS	330.00	0.039
	胶粉聚苯颗粒贴砌浆料复合聚苯板外墙外保温系统	硬质聚氨酯泡沫塑料 PUR	1580.00	0.024
	保温装饰板外墙外保温系统	岩棉板	354.00	0.048
外窗	铝包木	隔热铝合金窗	1147.60	1.7
	铝合金	塑钢内平开窗	717.60	1.5
	塑钢内平开窗	胶条增强封闭推拉窗	685.90	1.5
屋顶	平屋面保温	聚苯乙烯泡沫塑料（挤塑）XPS	810.00	0.033
	架空保温屋面	聚苯乙烯泡沫塑料（模塑）EPS	330.00	0.039
	坡屋面保温构造	硬质聚氨酯泡沫塑料 PUR	1580.00	0.024

注：价格信息来源为建设工程造价信息网，收集时间为 2022 年 12 月。

HVAC 系统改造策略及价格描述　　　表 4-2

措施描述	类型	COP值	单价（元/m²）
空调升级	风机盘管	2.6	150.00
		2.8～2.9	180.00
		3.0～3.2	200.00

注：价格信息来源为 HVAC 系统设备供应商，收集时间为 2022 年 12 月。

对于 HVAC 系统来说，其主要改造措施为空调系统升级，本研究参考相关图集和标准，将常用的风机盘管类型的 HVAC 系统作为改造的主要选择，根据能效值的不同，主要选择了三类能效值的 HVAC 系统，包括 COP 值为 2.6，单价为 150 元/m²；COP 值为 2.8～2.9，单价为 180 元/m²；COP 值为 3.0～3.2，单价为 200 元/m²。这部分 HVAC 系统的价格除参考各地住房和城乡建设部门官网公布的工程造价信息外，还调研了中国大型中央空调主要供应商的价格信息，主要包括格力电器和美的电器。

对于围护结构和 HVAC 系统的改造标准要求，主要参考《公共建筑节能设计标准》GB 50189—2015 和《建筑节能与可再生能源利用通用规范》GB 55015—
2021。不同改造要求的热工性能指标和COP指标情况，见表4-3。

不同改造标准要求的热工性能和 *COP* 值情况   表4-3

改造内容		GB 55015—2021				GB 50189—2015			
		严寒地区	寒冷地区	夏热冬冷	夏热冬暖	严寒地区	寒冷地区	夏热冬冷	夏热冬暖
围护结构	外墙	0.35	0.5	0.6	0.7	0.38	0.5	0.6	0.8
	屋顶	0.25	0.4	0.4	0.4	0.28	0.45	0.4	0.5
	窗户	1.7	1.9	2.2	2.5	1.9	2.2	2.4	2.7
HVAC	*COP*	3	3	3.2	3.2	2.8	2.8	2.9	2.9

4.1.3　围护结构指标计算

对于围护结构来说，其传热系数的计算涉及三个部分，包括外窗、外墙和屋顶。其中，外窗传热系数的获取较为简单，不同类型的窗户有不同的传热系数，可以直接代入公式计算。

外墙和屋顶的标准指标为增加保温层后的传热系数，增加保温层后的传热系数与原本墙体和屋顶的构造相关，其计算公式如下：

$$R_\mathrm{T} = R_\mathrm{I} + R_\mathrm{E} + R_1 + R_2 + \cdots + R_n \tag{4-13}$$

$$K_\mathrm{T} = \frac{1}{R_\mathrm{T}} \tag{4-14}$$

式中，R_T 表示墙体或屋顶总热阻；R_I、R_E 分别表示内表面热阻、外表面热阻；$R_1 \sim R_n$ 表示 $1 \sim n$ 层每一层的热阻；K_T 表示墙体或屋顶总热工性能指标。

本节参考了设计图集《既有建筑节能改造集》16J908-7，从中选择了常用的建筑屋面和外墙的构造，并以其为例进行保温层厚度的计算，具体内容分别见表4-4和表4-5。

对于屋顶传热系数计算来说，模板一共设定有五层，分别是：第一层为水泥砂浆找平层，厚度为20mm，导热系数为 $0.93\mathrm{W} \cdot (\mathrm{m} \cdot {}^\circ\mathrm{C})^{-1}$；第二层为保温层，即如果进行改造准备增加的部分；第三层为水泥焦渣，厚度为 20mm，导热系数为 $0.032\mathrm{W} \cdot (\mathrm{m} \cdot {}^\circ\mathrm{C})^{-1}$；第四层为钢筋混凝土楼板，厚度为 100mm，导热系数为 $1.74\mathrm{W} \cdot (\mathrm{m} \cdot {}^\circ\mathrm{C})^{-1}$；第五层为水泥石灰砂浆抹面，厚度为 20mm，导热系数为

$0.025W \cdot (m \cdot ℃)^{-1}$。整体的内表面换热阻为 $0.11m^2 \cdot ℃ \cdot W^{-1}$，外表面换热阻为 $0.04m^2 \cdot ℃ \cdot W^{-1}$，总热阻是所有材料热阻的总和，总传热系数为总热阻的倒数。总传热系数受到不同标准的限制，随着不同标准要求的变化而变化。其中，第二层材料的名称、导热系数和热阻是可变的。在表中用挤塑聚苯板为例进行计算。最终，通过确定标准要求的总传热系数限制（数据来源为表4-4），计算得到满足标准要求的不同材料所需要增加屋顶保温层的厚度。

对于外墙传热系数计算来说，模板一共设定有四层，分别是：第一层抗裂砂浆，厚度为20mm，传热系数为 $0.93W \cdot (m \cdot ℃)^{-1}$；第二层为保温层，即如果进行改造准备增加的部分；第三层为钢筋混凝土剪力墙，厚度为200mm，传热系数为 $1.74W \cdot (m \cdot ℃)^{-1}$；第四层为水泥石灰砂浆抹面，厚度为 20mm，传热系数为 $0.023W \cdot (m \cdot ℃)^{-1}$。整体的内表面换热阻为 $0.11m^2 \cdot ℃ \cdot W^{-1}$，外表面换热阻为 $0.04m^2 \cdot ℃ \cdot W^{-1}$，总热阻是所有材料热阻的总和，总传热系数为总热阻的倒数。总传热系数受到不同标准的限制，随着不同标准要求的变化而变化。其中，第二层保温材料的种类是可变的。在表中用挤塑聚苯板为例进行计算。最终，通过确定标准要求的总传热系数限制（数据来源为表4-5），计算得到满足标准要求的不同材料所需要增加外墙保温层的厚度。

4.1.4 暖通空调系统指标计算

本章对于暖通空调系统的指标主要选取的是能效比（COP值），能效比指的是能源转换效率，即空调系统一度电能产生的最大冷量值或者最大热量值，是衡量空调效率以及节能效果的重要指标，其比值越大说明效率越高、越节能。也就是设备的制冷量（或制热量）与输入功率的比值。

具体而言，设备能效比的计算公式如下：

$$COP = \frac{Q_1}{Q_2} \tag{4-15}$$

式中，COP表示能效比；Q_1表示设备的制冷量（或制热量），单位为 W；Q_2表示设备的输入功率，单位为 W。

在实际应用中COP值主要是设备自带，不同COP值设备的单价不同，不同标准对位于不同气候区建筑中设备COP值的要求也不同，在改造过程中主要选择合适COP值的设备即可。

屋面传热系数计算表

表 4-4

序号	项目分层	厚度 (mm)	导热系数 [W·(m·℃)⁻¹]	热阻 (m²·℃·W⁻¹)	R_I (m²·℃·W⁻¹)	R_E (m²·℃·W⁻¹)	R_T (m²·℃·W⁻¹)	K_T [W·(m·℃)⁻¹]
1	水泥砂浆找平	20	0.93	0.022	/	/	/	/
2	保温层（XPS）	100	0.03	3.030	/	/	/	/
3	水泥焦渣	20	0.63	0.032	/	/	/	/
4	钢筋混凝土楼板	100	1.74	0.057	/	/	/	/
5	水泥石灰砂浆抹面	20	0.81	0.025	/	/	/	/
	共计	260	/	3.166	0.11	0.04	3.316	0.302

外墙传热系数计算表

表 4-5

序号	项目分层	厚度 (mm)	导热系数 [W·(m·℃)⁻¹]	热阻 (m²·℃·W⁻¹)	R_I (m²·℃·W⁻¹)	R_E (m²·℃·W⁻¹)	R_T (m²·℃·W⁻¹)	K_T [W·(m·℃)⁻¹]
1	抗裂砂浆	20	0.93	0.022	/	/	/	/
2	保温层（XPS）	20	0.03	0.667	/	/	/	/
3	钢筋混凝土剪力墙	200	1.74	0.115	/	/	/	/
4	水泥石灰砂浆抹面	20	0.87	0.023	/	/	/	/
	共计	260	/	0.826	0.11	0.04	0.976	1.024

4.2 可再生能源系统目标决策模型

4.2.1 模型说明

本部分在多目标决策模型中考虑了四个指标：光伏板改造成本、光伏板改造发电量、光伏改造可能性及历史案例相似度。虽然理论上可以考虑光伏电池板的减排效益，但由于它们与发电直接相关，因此被排除在最终模型之外，以避免不必要的目标限制。

该模型采用了一种约束条件，该条件考虑了安装光伏板的建筑面积相对于总屋顶投影面积的百分比。机器学习模型的相似度和预测概率也被用作参考条件。所构建的多目标决策模型的目标包括成本最小化、发电量最大化、概率和历史案例相似度。这四个具体目标在式(4-16)中表示为：

$$
\begin{cases}
\mathrm{Min(Cost)} = \sum_{i=1}^{n} C_i \cdot S_i \\
\mathrm{Max(Electricity)} = \sum_{i=1}^{n} E_{i,\mathrm{total}} \cdot S_i \\
\mathrm{Max(Predicted\ probability)} = \sum_{i=1}^{n} P_i \cdot S_i \\
\mathrm{Max(Similarity)} = \sum_{i=1}^{n} Sim_i \cdot S_i
\end{cases}
\tag{4-16}
$$

其中，$S_i = 0,1$，0 表示社区不会进行光伏板改造，1 表示社区将进行光伏板改装。假设总共有 n 个社区。其中，Min(Cost)代表最小化光伏改造成本，Max(Electricity)代表了最大化光伏改造发电量，Max(Predicted probability)代表了最大化光伏改造可能性。根据历史经验，每栋建筑或每个小区的改造概率来自机器学习模型的数据输出，Max(Similarity)代表所有选定社区和光伏板改造历史案例之间的相似度总和。其中，最大化光伏改造可能性和最大化历史案例相似性的值来自于3.4节可再生能源决策支持模型的输出。剩余两个指标的计算方法如下：

（1）光伏板改造成本计算

光伏板改造的成本是根据从绿色建筑案例中收集的绿色增量成本确定的。在之前的研究中，光伏板改造的增量成本是根据光伏表面积或光伏发电量计算的。

本研究收集了《绿色建筑评价标准（2024 年版）》GB/T 50378—2019 定义的一星级、二星级和三星级绿色建筑案例。根据历史案例的增量成本计算表，光伏板改造的绿色增量成本以"元/m²"为单位确定。

（2）光伏改造发电量计算

光伏发电量是使用关键指标计算的，包括有效屋顶面积、屋顶光伏板排列和发电转换效率。本节按顺序介绍计算公式。

1）有效屋面面积计算

屋顶利用率因不同建筑类型而异，有许多研究可供参考。有效面积可通过式(4-17)计算。

$$R_{\text{roof,eff}} = R_{\text{roof}} \times r_{\text{eff}} \tag{4-17}$$

其中，$R_{\text{roof,eff}}$ 表示屋顶的垂直投影面积；R_{roof} 表示屋顶的垂直投影面积；r_{eff} 表示屋顶的有效面积系数。关于住宅用地屋顶投影面积利用系数的研究很多，大多集中在 0.5～0.8 之间。在这项研究中，案例研究中的值设置为 0.6。

2）屋顶光伏板排列

屋顶光伏板需要有序排列，以避免前后板之间的障碍，最大限度地利用光辐射的最佳光伏板布局如图 4-1 所示。这里，H 表示从屋顶到光伏板安装的距离；D_1 表示两个光伏板之间的间距；θ 表示光伏板安装的倾斜角度；α 表示阳光入射角。D_1 和 D_2 之间的精确关系如式(4-18)所示，其中 L 表示光伏板的宽度。

$$D_2 = L \cdot \cos\theta + D_1 = L \cdot \cos\theta + L \cdot \sin\theta \cdot \cot\alpha \tag{4-18}$$

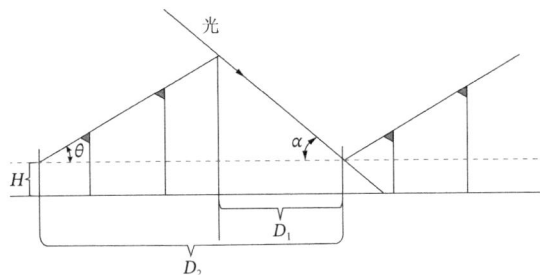

图 4-1 光伏布局关系示意图

3）发电转换效率

本研究考察了光伏电池板的固定角度排列，并根据该区域的最佳倾斜角度确定了配置。本研究中光伏电池板的能量转换效率是通过 PVsyst 模拟确定的。

PVsyst 软件是光伏系统设计和分析的工具。它专为工程师、研究人员和其他专业人员设计，以促进光伏系统的设计、模拟和优化。它已被广泛应用于当代光伏相关研究。

本研究考虑了太阳辐射水平和固定角度光伏板之间的障碍物等因素。例如，在北京，太阳辐射数据是通过 Meteonorm 从当地观测站获得的。Meteonorm 是一种为气候数据设计的工具和数据库，广泛应用于能源、建筑和环境保护领域，为工程师、建筑师和研究人员提供可靠的支持，用于相关项目的模拟、设计和分析。根据住房和城乡建设部发布的一份文件，最佳倾斜角度已设定为 40°。模拟中使用的光伏板模型是 Poly 30 Wp 36 电池，尺寸为 0.36m × 0.65m，按 3 × 14 块一组排列。南北间距根据布置公式计算为至少 1.49m，值为 2m。使用的逆变器型号为 3kW 交流逆变器，安装了四个单元。当按图 4-2（a）所示排列时，性能比如图 4-2（b）所示，范围为 0.8~0.9，年综合能量转换效率为 0.854。

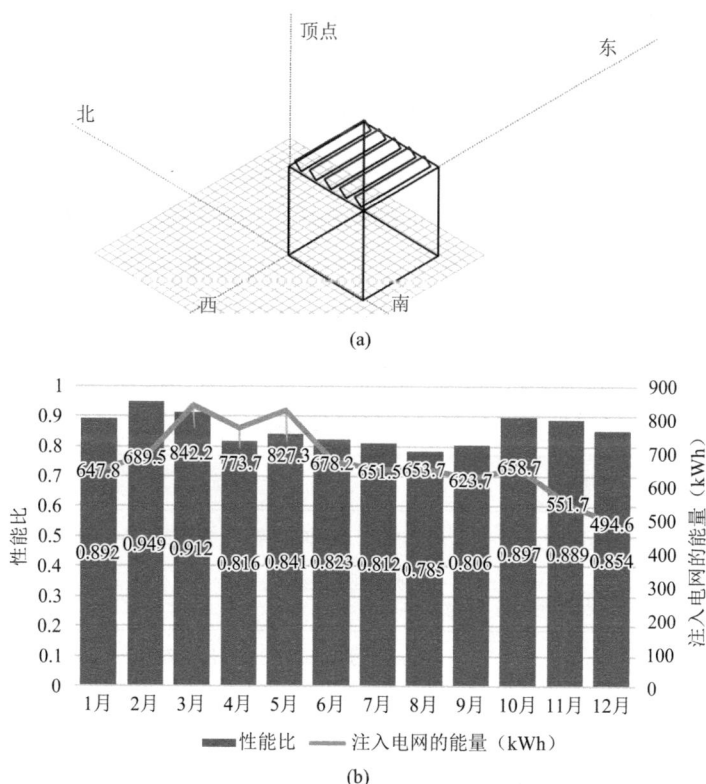

(a)

(b)

图 4-2　PVsyst 软件模拟输出

（a）光伏板排列示意图；（b）光伏板性能比和接入电网的能量仿真图

4）年最大发电量模拟

最后，通过确定有效屋顶面积、布置、光伏电池和转换器，PVsyst 与当地气候数据相结合，模拟了年发电量。如图 4-2（b）所示，本文模拟了五组根据既定标准排列的光伏板，有效面积为 46.7m²，以确定每年注入电网的能量。

模拟过程没有考虑社区内建筑物之间的遮挡。最终年发电量表示为 E_{total}，通过式(4-19)计算，其中 $E_{simulation}$ 表示模拟的综合发电，r_{shadow} 表示遮挡系数。因此，在计算住宅建筑间距的过程中，根据以往的研究，确定多层建筑（1～9层）的阴影系数为 0.85，高层建筑（10层或以上）的遮挡系数值为 0.9。

$$E_{total} = E_{simulation} \cdot r_{shadow} \tag{4-19}$$

4.2.2 优化算法

现有研究中已经讨论了许多优化算法。其中，非支配排序算法Ⅱ（NSGA-Ⅱ）相对成熟，应用广泛。在本研究中，NSGA-Ⅱ算法用于建模和生成优化结果。

非支配排序算法Ⅱ是一种在多目标优化问题中广泛使用的算法。Deb 等人于2002 年提出了解决多目标优化问题和优化多个冲突目标的方法。本研究采用的NSGA-Ⅱ非支配排序方法有效地识别了多个边界层，并处理了多目标优化问题。此外，在每次迭代中计算群体成员的拥挤距离可以保持解的多样性，并防止过早收敛到局部最优值。目前，NSGA-Ⅱ已在各个领域得到广泛应用，在农业、医学、建筑方面取得了显著成果。NSGA-Ⅱ方法所需的参数调整如表 4-6 所示。表 4-6 的最后一列列出了为本研究选择的初步参数。

NASA-Ⅱ参数选择　　表 4-6

参数名称	代码	经典选择	决定值
群体大小	pop_size	通常取决于问题的复杂性，范围在 100～1000 之间	100
后代数量	n_offsprings	一种典型的方法是将其设置为等于种群规模，以保持群稳定	20
交叉概率	prob	常用的值为 0.9 或者更高，用于确保交叉的高概率	0.9
交叉分布指数	eta	通常在 5～30 之间，取决于问题的敏感性和解空间的特征	15
突变概率	prob of BitflipMutation	通常较小，如 0.01～0.1，具体取决于问题的特点和种类的多样性需求	0.1
最大代数	n_gen	可以根据问题的复杂性和计算资源进行设置，常见值为100～1000	100

4.3 本章小结

本章的工作及成果总结如下：

1）基于建筑组合改造规划决策问题多个目标约束的科学属性，构建了以改造总面积目标、改造总成本和改造标准要求为决策目标约束的既有建筑组合改造规划决策框架，明确了建筑单体改造策略为决策条件属性。

2）明确了目标决策优化模型的目标函数和约束条件，梳理了既有建筑单体改造策略决策方法输出的改造策略具体措施，确定了围护结构热工性能和暖通空调能效比的标准要求、计算方法及数据来源，确定了建筑屋顶光伏板性能比和接入电网电量。

3）分析了建筑组合改造规划决策方法与基于机器学习算法的既有建筑单体改造策略决策方法之间的协调整合关系，构建了整合机器学习算法与目标决策优化模型的既有建筑组合改造规划决策方法，为建筑存量改造规划决策提供支撑。

第 5 章

考虑气候动态性的改造决策方法

建筑节能改造
智能决策模型及方法研究

本章首先针对既有建筑节能改造长周期性特点的气候变化影响，构建涵盖动态气温特征数据的既有建筑改造动态决策方法。而后基于气候变化全球数据，挖掘构建适用于本研究的气候变化气温数据库。最后利用动静态比较分析，验证建筑单体改造决策方法的稳定性，利用案例库全样本及典型案例分析，研究确定气候变化对建筑节能改造决策的影响。

5.1 考虑气候动态性的改造决策框架

既有建筑改造动态决策方法由两个阶段组成，该方法以既有建筑节能改造优秀方案案例库为基础。第一阶段决策在第3章中进行了描述，其输出为考虑气候区分类数据的建筑单体改造策略。第二阶段决策是既有建筑动态改造决策方法的重点，研究内容是基于第一阶段所构建的建筑单体改造策略决策方法，利用动态条件属性（气温数据）代替静态条件属性（气候区），输出考虑气候变化的动态建筑改造策略。最后本章对两种策略的不同结果进行对比，分析确定气候变化对建筑改造策略选择的影响，该模型框架如图 5-1 所示。

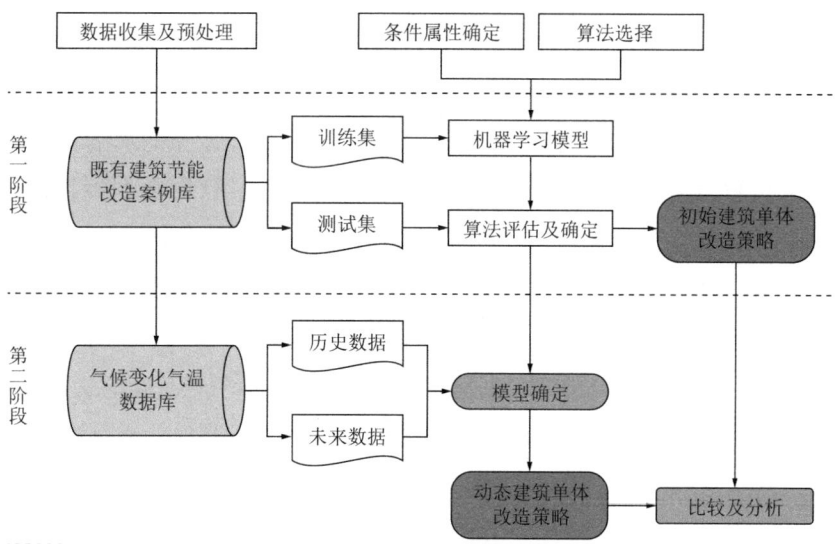

图 5-1　动态决策模型框架

5.2 气候变化数据

目前,已经有很多针对气候变化的研究,其中比较常用且受到广泛关注的是由世界气候研究计划(World Climate Research Programme,WCRP)工作组于 1995 年发起的国际耦合模式比较计划(Commentary on the Coupled Model Intercomparison Project Phase,CMIP),其以大气模式比较计划(1989—1994 年)为基础,目的是对全球的气候模式性能进行比较。已发布最新的是第六次国际耦合模式比较计划,简称 CMIP6,也是目前大气研究最常用的数据支撑。该计划已经吸引了来自全球 33 家机构的 112 个气候模式版本注册参加。第六次国际耦合模式比较计划(CMIP6)历时 20 年实施,模式数量最多,科学试验设计完善,提供的模拟数据庞大。

本章主要是探索未来气候变化对于既有建筑节能改造策略决策结果的影响,CMIP6 中也包括了对于未来情景的气候模式比较计划。对于未来情景,CMIP6 的气候模式计划中不同的实验场景可以归纳为共享社会经济路径(Shared Socioeconomic Pathways,SSPs)与代表性浓度途径(Representative Concentration Pathways,RCPs)的矩阵组合。但是,CMIP6 中不同气候模式的实验数据不能被直接利用,由于 CMIP6 的气候模式是基于全球尺度下的实验,需要根据研究需求对不同情景与不同尺度的气候数据进行适当的降尺度修正及处理。然而,对不同气候模式的实验数据降尺度和修正并不是本研究的研究重点。因此,本研究考虑将已有可靠的、可被直接应用的降尺度气候数据直接纳入模型中。

本研究考虑了中国科学院大气物理研究所在 2021 年发布的基于 CMIP6 的适用于未来气候变化动力降尺度的气候误差订正数据。这个数据集目前已经在 ScienceData 网站中进行公开,并可被下载应用。该数据集包括基于 CMIP6 模式的历史数据的订正结果(1979—2014 年)和基于 CMIP6 模式的未来预测数据(2015—2100 年)在两个未来共享社会经济路径情景(SSP245 和 SSP585)的订正结果。其中,SSP245 和 SSP585 也是在以往研究中分析气候变化时常用的情景。SSP245 代表的是在中等强度的碳排放控制情景(SSP2)基础上考虑 RCP4.5 情景的结果,其中,RCP4.5 代表的是假设辐射强度在 2100 年达到 4.5W/m²;SSP585 代表的是在高强度的碳排放控制情景(SSP5)基础上考虑 RCP8.5 情景的结果,其中 RCP8.5 代表的是假设辐射强度在 2100 年达到 8.5W/m²。本研究选择了该数据集中的月度数据。

此外，该数据集的数据颗粒度为 1.25 度 × 1.25 度的网格，即将全球按照经纬度进行划分，每 1.25 度经度和每 1.25 度纬度组成一个气候网格点，该网格点上的气候数据统一。根据该网格的数据颗粒度对已收集的既有建筑节能改造案例所在城市的经纬度进行计算处理，并利用欧氏距离法选择距离该城市最近格点所对应的气候数据作为该城市的气候数据。通过利用城市经纬度进行气候数据格点转换，完成气候条件属性由"气候区"（分类数据）向"气候条件数据"（连续数据）的转换。

5.3 气候变化对改造策略的影响分析

5.3.1 建筑围护结构和 HVAC 系统改造策略变化趋势

通过对既有建筑节能改造动静态策略的比较分析发现，气候变化对建筑改造策略的影响是可观测的，且位于某些气候区的建筑改造策略变化趋势较为明显。本节将利用历史气温数据、两种不同情景下的未来预测气温数据及所构建的既有建筑动态改造决策方法，对不同建筑的改造策略变化进行比较。最后，从不同气候区、不同建筑类型以及不同建造年代的角度出发，进一步分析建筑改造策略变化趋势及产生原因，具体如图 5-2 所示。

（1）从气候区角度分析

不同气候区建筑受动态气温数据的影响不同，且同一气候区内，围护结构和 HVAC 系统的改造策略变化趋势也不同。

对于围护结构改造来说，发生改造策略变化的案例占比为 10%～23%。建于夏热冬暖地区的建筑比建于夏热冬冷地区和寒冷地区的建筑更稳定，即使考虑了气候变化，其发生改变的案例占比较小，仅为 10%。这可能是因为夏热冬暖地区建筑改造标准规范要求没有其他地区严格。比如，在同样的标准要求下（《公共建筑节能设计标准》GB 50189—2015），夏热冬冷地区的外墙传热系数要求（$K = 1.5$）与其他地区的外墙传热系数要求（$K = 0.35～0.8$）相比较宽松，当发生气候变化时，特别是有变暖趋势时，其并没有特别明显的改变，大部分建筑有较好的气候适应性。另外，建于夏热冬暖地区的建筑进行围护结构改造时，主要关注外窗遮阳，考虑气候变化后，其外窗遮阳需求可能更大，大部分改造措施没有发生改变。建于夏热冬冷地区建筑围护结构改造策略选择变化最大，约为 23%。这可能是因为夏热冬冷地区改造要求处于寒冷地区和夏热冬暖地区之间，很多建筑处于需要改造与不需要改造之间的临界状态，夏热冬冷地区所定义的城市范围比较广，其气温的变化趋势不完全一致，导致最终围护结构改造策略发生改变的案例占比较高。

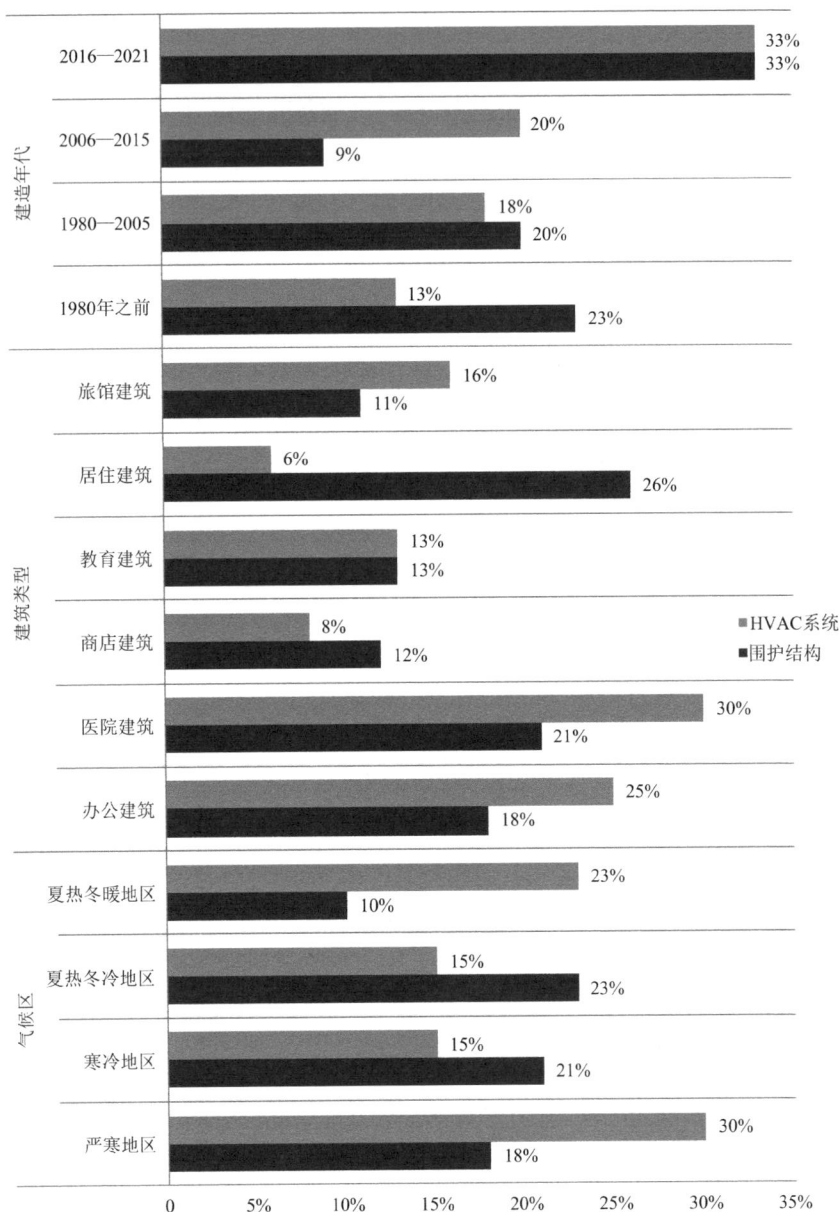

图 5-2 改造策略发生变化的建筑案例占比

对于 HVAC 系统改造，相比围护结构改造，不同建筑案例改造策略发生变化的案例占比较大，为 15%～30%。其中，夏热冬暖地区和寒冷地区的建筑变化情况相当且最小，均为 15%；而严寒地区建筑 HVAC 系统改造策略变化最大，为 30%；夏热冬暖地区建筑 HVAC 系统改造策略变化也较大，为 23%。这可能是因为在以往的严寒地区建筑改造中，对于制冷系统改造需求较小，但随着气候变化的影响，特别是变暖趋势明显后，建筑对制冷系统的改造需求显著增加，建筑改造策略变化较大。对于寒冷地区和夏热冬冷地区建筑改造策略选择来说，大部分城市位于我国中部地区，在以往改造中其制冷系统和供暖系统改造需求较大，即使考虑气候变化，其 HVAC 系统整体的气候适应性较强，改造策略变化发生的案例较少。对于夏热冬暖地区的建筑，与严寒地区类似，随着气候变化可能也有部分建筑的供暖系统改造需求变小，导致整体的建筑案例 HVAC 系统改造策略变化较大。这些结论与之前研究气候变化对建筑能耗影响的研究结论较为类似，即夏热冬暖地区的制冷需求上升，严寒地区的供暖需求下降。

（2）从建筑类型角度分析

本节分析了考虑气候变化后，不同类型建筑改造策略变化情况，包括旅馆建筑、居住建筑、教育建筑、商店建筑、医院建筑和办公建筑。从图 5-2 中可以看出，不同建筑类型改造策略变化情况不同，且同一类型建筑的 HVAC 系统和围护结构改造策略的变化也不同。

对于围护结构改造，不同建筑类型改造策略变化的案例占比为 12%～26%。居住建筑围护结构改造策略变化最大为 26%；其次是医院建筑和办公建筑，发生改造策略变化的案例占比分别为 21% 和 18%；旅馆建筑改造策略变化的案例占比最小为 11%；教育建筑和商店建筑相当，分别为 13% 和 12%。这可能是因为对于居住建筑来说，一方面，围护结构改造是住宅最主要、最常用的改造策略，在住宅中，其设备和 HVAC 系统的能源强度占比并不像医院等公共建筑那么大；另一方面，围护结构本身也是和外界气候条件变化非常相关的部分，当气候变化时围护结构改造策略的变化本身可能会比设备、HVAC 系统改造策略的变化更敏感，特别是对于严寒地区和寒冷地区的居住建筑来说，围护结构的主要目的是保温，如果气候变化、温度升高，可能需要减少不必要的围护结构改造措施，比如不需要增加过多的保温层。对于旅馆建筑来说，其 HVAC 系统的能耗占比较大，在改造策略制定过程中，围护结构可能并不是改造关注的重点，旅馆建筑考虑气候变化后围护结构改造策略变化的案例占比较小。

对于 HVAC 系统改造，不同建筑类型改造策略变化的案例占比在 6%～30% 之间。其中，医院建筑 HVAC 系统的改造策略受气候变化影响最大，居住建筑 HVAC 系统改造策略受气候变化影响最小，改造策略发生变化的案例占比仅为 6%。这是由于对于医院建筑来说，HVAC 系统和设备能耗占比较大，且 HVAC 系统也是其改造重点，当外界气温条件变化时，供暖系统和制冷系统改造策略都发生了变化。办公建筑和旅馆建筑类似，这些建筑严重依赖 HVAC 系统，HVAC 系统占建筑能源使用总量的大部分，易受到气候变化影响。相反，对于居住建筑来说，很少改造 HVAC 系统，因为大部分居住建筑 HVAC 系统能耗占比不大，且围护结构改造策略改变情况的分析中也有所阐述，居住建筑改造的主要内容是围护结构而非 HVAC 系统，体现在图 5-2 中就是居住建筑 HVAC 系统改造策略发生改变的案例占比较少，相对稳定。

（3）从建造年份角度分析

建于不同年份的建筑变化情况不同，围护结构改造策略发生变化的案例占比在 9%～33% 之间，HVAC 系统改造策略发生变化的案例占比在 13%～33% 之间。值得注意的是，对于建于 2016—2021 年的建筑，其 HVAC 系统和围护结构改造策略发生变化的案例占比均为 33%，这是因为在案例库中，建于 2016—2021 年的建筑较少，仅有 3 个，且由于搜集案例时间为 2022 年，这部分建筑较新，发生改造的建筑并不多。在这些案例中，HVAC 系统及围护结构改造策略发生改变的案例仅有 1 个，相比于其他建筑，虽然这部分体现在图 5-2 中改造策略受气候变化影响较大，但这一结果仅参考 3 个案例，后续需要进一步纳入更多建于该年代的建筑进行分析。对建于其他年代的建筑改造策略改变情况进行深入分析发现，建于 1980—2005 年的建筑，改造策略整体发生了较大变化，这可能是因为这部分建筑的围护结构和 HVAC 系统都处于"需要改造"和"不需要改造"的临界状态，对外部的气温条件变化较为敏感，受气候变化影响大。

对于围护结构改造，建于 1980 年之前的建筑，其围护结构改造策略发生变化的案例占比最大为 23%，建于 2006—2015 年之间的建筑围护结构改造策略发生变化的案例占比最小为 9%。这可能是由于建于 1980 年的建筑，其围护结构保温层已远远不能满足当前能耗标准要求，甚至有些建筑没有保温层，处于亟需改造的阶段，这时即使气候变化带来了气温升高，对能耗变化的影响并不足以改变其围护结构改造策略的决策。而建于 2006—2015 年的建筑，大部分围护结构仍然处于建筑节能标准要求的范围内，并不需要进行围护结构改造，即使考虑气候变化影响，很多建筑仍处于"不需要改造"的阶段，较为稳定。

对于 HVAC 系统改造，建于 2006—2015 年的建筑，其 HVAC 系统改造策略发生变化的案例占比较大为 20%；建于 1980 年之前的建筑，其 HVAC 系统改造策略发生变化的案例占比较小为 13%。这可能与围护结构类似，建于 1980 年之前的建筑 HVAC 系统的条件已远远不能满足当前标准要求，处于亟需改造阶段，即使气候变化带来气温升高，仍需要改造，改造策略改变不大。而建于 1980—2005 年和 2006—2015 年的建筑，HVAC 系统改造策略变化没有明显差异，这可能是因为建于该年代的建筑，其 HVAC 系统均处于"需要改造"和"不需要改造"的临界状态，考虑气候变化影响后，有些"不需要改造"的建筑会增加制冷系统改造的考虑，改造策略发生改变的案例占比较大。

（4）从初始建筑改造策略角度分析

本节利用 1980 年的历史气温数据分别作为初始既有建筑单体改造策略决策方法的气候条件输入数据，输出结果被认为是初始建筑改造策略。将 1990—2100 年中每隔 10 年的气候条件数据作为建筑单体改造策略决策方法的输入，将获得的建筑改造策略与初始建筑改造策略进行对比分析，差异表现如图 5-3 所示。

对于围护结构，"全部改造"即为外墙、外窗和屋顶全部发生改造，"不进行任何改造"即为三者均不发生改造；对于 HVAC 系统，"全部改造"即为供暖系统和制冷系统全部发生改造，"不进行任何改造"即为两者均不发生改造。

其中，较为明显的是初始没有进行围护结构改造的建筑是最稳定的，100%没有发生变化，这说明即使考虑气候变化因素，这些原本围护结构条件可以满足标准要求且"不进行任何改造"的建筑，在 1990—2100 年气温数据条件下仍满足要求。初始改造策略为"全部改造"或者"外窗改造"的建筑相对稳定，发生改造策略变化的案例占比分别为 20% 和 16%，这是因为"全部改造"的建筑本身围护结构条件较差，处于亟需改造的阶段，气候变化对其无论产生正面还是负面影响，都不足以让大部分建筑改变其改造策略。而且，大部分初始改造策略为"外窗进行改造"的建筑，主要发生在夏热冬暖地区，涉及主要的改造技术是遮阳改造，包括增加外窗遮阳涂层或者贴遮阳膜，这部分建筑即使在考虑气候变暖的情况下，改造策略也不会改变，因为其遮阳改造的需求会增加，较为稳定。相反地，对于"屋顶和外墙改造"的建筑来说，其稳定性较差，100%发生了改造策略的改变，这可能是因为处于这部分改造决策的建筑对气候变化较为敏感。此外，根据机器学习模型初始预测为"外窗和外墙改造"以及"屋顶和外窗改造"的建筑也不稳定，考虑气候变化后，超50%的建筑围护结构改造策略发生了改变。

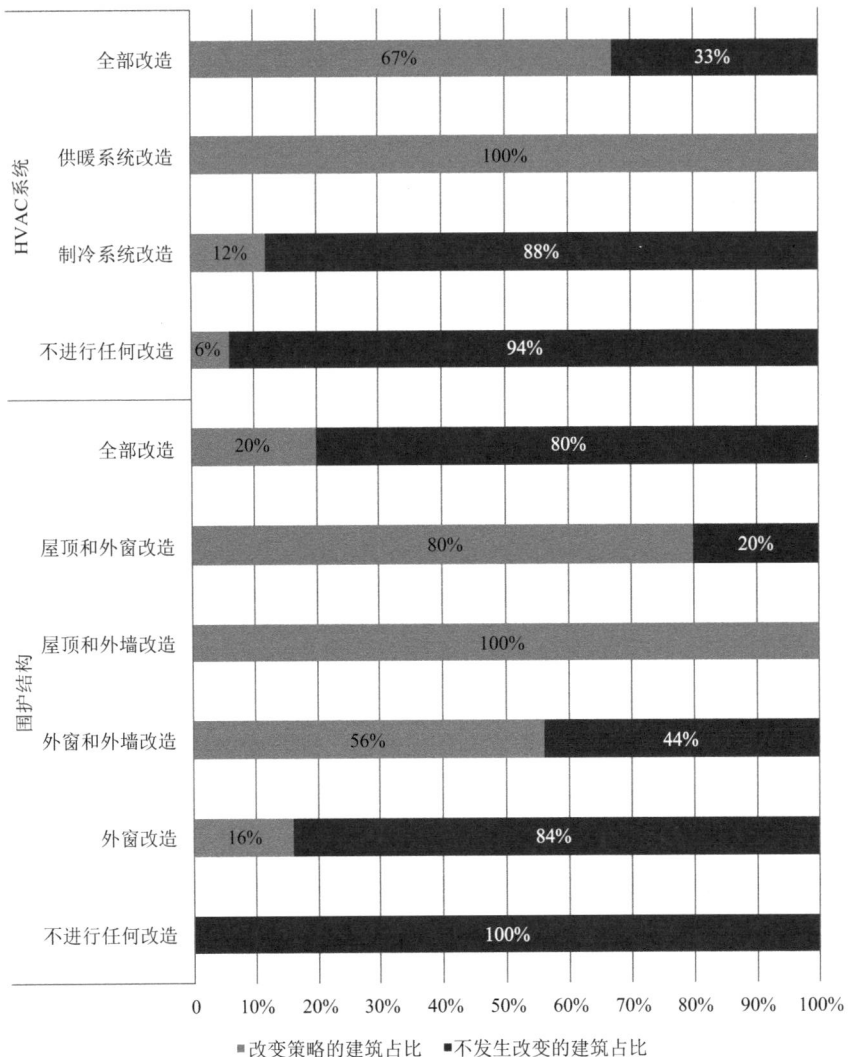

图 5-3　初始预测改造策略变化案例占比情况

对于 HVAC 系统，改造策略发生变化的案例占比在 6%~100%之间，跨度较大。其中较为明显的是只发生"供暖系统改造"的案例全部发生改变，这可能是因为考虑气候变化后，很多城市存在气候变暖的趋势，一部分初始预测改造策略为"供暖系统改造"的建筑由于温度升高不再需要高强度的供暖系统，现有的供暖系统可以满足要求，不再需要改造；还有一部分初始预测改造策略为"供暖系统改造"的建筑由于温度升高，不仅供暖系统需要改造，还需要进行制冷系统改造，这一理论与关于气候变化对能耗影响的研究一致。此外，最初预测需要"全部进行改造"的案例中，约有 70%的建筑发生了改造策略的改变，这可能是因为考虑气候变化后部分地区存在气温升高现象，一部分建筑的供暖需求降低。最初预测为"不进行改造"或者"制冷系统改造"的案例相对稳定，这可能是因为初始预测为"不进行改造"的建筑本身条件比较好，外界气候条件的变化并不会对其产生影响，而初始预测"制冷系统改造"的建筑，考虑了气候变化后，其改造需求并不会下降，反而有些建筑的制冷需求可能会随着气候变化和温度升高而增加，很少会发生改造策略的变化，相对稳定。

5.3.2 围护结构及 HVAC 系统改造典型案例分析

（1）围护结构改造典型案例

为了进一步评估气候变化对围护结构改造策略决策的影响，本节对典型案例进行分析，具体见表 5 1。其中围护结构改造策略共有 8 种，分别用 0~7 表示，其中 0 代表"不进行任何改造"，1 代表"外墙改造"，2 代表"外窗改造"，3 代表"外窗和外墙改造"，4 代表"屋顶改造"，5 代表"屋顶和外墙改造"，6 代表"屋顶和外窗改造"，7 代表"全部改造"。根据表 5-1 得出的主要结论如下：

1）围护结构改造策略稳定性不同

建筑初始改造预测结果为"外窗改造"和"外窗和外墙改造"的建筑不稳定，易受到气候变化影响。具体来说，如案例 14 和案例 19 所示，案例 14 的初始改造策略为"外窗和外墙改造"，考虑气候变化，输入未来天气数据后，其预测改造策略发生明显变化，变为"外窗改造"，这可能是由于考虑气候变化后，特别是寒冷地区气候变暖，其对围护结构的保温要求降低，导致本来处于改造需求临界的建筑不再需要外墙改造；案例 19 的初始改造策略为"外窗和外墙改造"，考虑气候变化后有很明显变为"外墙改造"的趋势，这可能是由于气温升高后位于夏热冬冷地区的建筑对外窗传热系数要求降低。

围护结构改造典型案例

表 5-1

序号	气候区	建筑类型	建成年代	历史气温数据预测结果				SSP245 情景下未来预测气温					SSP585 情景下未来预测气温				
				1980	1990	2000	2010	2020	2040	2060	2080	2100	2020	2040	2060	2080	2100
1	严寒地区	办公建筑	2006—2015	7	7	7	3	3	3	2	7	2	2	3	2	3	2
2	严寒地区	居住建筑	1980—2005	7	3	7	5	3	5	5	5	3	5	3	5	3	3
3	寒冷地区	居住建筑	1980 年前	7	3	7	3	3	3	3	3	3	3	3	3	3	3
4	寒冷地区	旅馆建筑	1980 年前	7	2	7	2	2	2	2	4	2	2	2	2	2	2
5	寒冷地区	办公建筑	1980—2005	7	3	7	4	4	4	4	4	4	4	4	4	4	4
6	寒冷地区	办公建筑	1980—2005	7	2	7	2	2	2	2	4	2	2	2	2	2	2
7	寒冷地区	办公建筑	1980—2005	7	7	7	2	2	2	2	2	2	2	2	2	2	2
8	寒冷地区	居住建筑	1980—2005	7	3	7	3	3	3	3	3	3	3	3	3	3	2
9	寒冷地区	居住建筑	1980—2005	7	3	3	2	2	2	2	2	2	2	2	2	2	2
10	寒冷地区	教育建筑	1980—2005	7	0	7	0	0	0	0	0	0	0	0	0	0	6
11	寒冷地区	办公建筑	1980 年前	5	5	5	1	7	3	3	3	3	1	3	3	7	3
12	寒冷地区	办公建筑	1980—2005	3	5	1	2	2	4	2	4	2	2	2	2	2	2
13	寒冷地区	居住建筑	1980 年前	3	3	3	2	2	2	2	2	2	2	2	2	2	2
14	寒冷地区	办公建筑	1980—2005	3	3	3	2	2	2	2	2	2	2	2	2	2	2
15	夏热冬冷	办公建筑	1980—2005	7	2	7	2	2	2	4	7	2	2	2	2	2	2
16	夏热冬冷	居住建筑	1980—2005	7	2	7	2	2	2	2	7	2	2	2	2	2	2

续表

序号	气候区	建筑类型	建成年代	历史气温数据预测结果				SSP245 情景下未来预测气温					SSP585 情景下未来预测气温				
				1980	1990	2000	2010	2020	2040	2060	2080	2100	2020	2040	2060	2080	2100
17	夏热冬冷	办公建筑	1980—2005	7	3	7	2	2	2	2	2	2	2	2	2	2	2
18	夏热冬冷	办公建筑	1980—2005	3	3	3	4	4	4	4	2	4	4	4	4	4	4
19	夏热冬冷	居住建筑	1980—2005	3	3	3	1	1	1	1	1	1	1	1	1	1	1
20	夏热冬冷	办公建筑	1980—2005	3	2	3	2	2	2	2	2	2	2	2	2	2	2
21	夏热冬冷	办公建筑	1980—2005	3	7	3	7	3	7	0	7	3	7	7	7	3	3
22	夏热冬暖	旅馆建筑	1980 年前	7	3	7	4	4	4	4	4	4	4	4	4	4	4
23	夏热冬暖	商店建筑	2006—2015	6	3	6	3	3	3	3	3	3	3	3	3	3	6
24	夏热冬暖	医院建筑	2006—2015	6	3	6	2	2	3	3	3	3	2	3	3	2	2

注：0 代表"不进行任何改造"；1 代表"外墙改造"；2 代表"外窗改造"；3 代表"外窗改造"；4 代表"外窗和外墙改造"；5 代表"屋顶改造"；6 代表"屋顶和外窗改造"；7 代表"全部改造"。

93

建筑初始改造预测结果为"屋顶和外墙改造"和"屋顶和外窗改造"的建筑不稳定。典型案例中有 6 个案例初始预测结果为"屋顶和外墙改造"或"屋顶和外窗改造",其中 5 个案例发生了变化。这可能是因为这两类初始改造策略对气候变化较为敏感。具体来说,如案例 11、案例 23 和案例 24 所示,案例 11 是建于1980 年之前的办公建筑,位于寒冷地区,其初始改造策略为"屋顶和外墙改造",随着动态气温数据的输入,其改造策略一直波动,有 1("外墙改造")、3("外窗和外墙改造")、7("全部改造")三种情况;案例 23 是建于 2006—2015 年的商店建筑,位于夏热冬暖地区,其初始改造策略为"屋顶和外窗改造",随着动态气温数据的输入,其改造策略在"屋顶和外窗改造"和"外窗和外墙改造"之间波动;案例 24 是建于 2006—2015 年之间的医院建筑,位于夏热冬暖地区,其初始改造策略为"屋顶和外窗改造",随着动态气温数据的输入,其改造策略在 6("屋顶和外窗改造")、3("外窗和外墙改造")、2("外窗改造")三种情况之间进行波动。

此外,一些建筑的初始改造策略预测结果为"全部改造",考虑气候变化后,有的案例改造策略变为"不进行任何改造",有的案例改造策略变为多种策略之间波动的状态。具体来说,如案例 2、案例 18 和案例 10 所示,案例 2 是建于 1980—2005年严寒地区的居住建筑,其初始预测结果为"全部改造",考虑动态气温数据后,其预测的改造策略在 7("全部改造")、3("外窗和外墙改造")、5("屋顶和外墙改造")之间波动;案例 10 是建于 1980—2005 年的教育建筑,位于寒冷地区,其初始改造预测策略为"全部改造",考虑动态气温数据后,其改造预测策略变为了"不进行任何改造",可能是因为对于寒冷地区的教育建筑来说,围护结构改造并非改造重点,而且随着气温的升高其对围护结构的要求降低,就出现了"不进行任何改造"的结果;案例 18 是建于 1980—2005 年之间的夏热冬冷地区的办公建筑,其初始预测改造策略为"外窗和外墙改造",考虑动态气温数据,其改造策略在 3("外窗和外墙改造")、4("屋顶改造")、2("外窗改造")三种状态之间波动。

2)围护结构改造策略变化趋势在长期更加明显

虽然考虑动态气温数据后,一些建筑的初始改造预测策略会有所波动,如果将周期推至 60~100 年的长周期下,其改造预测策略会相对稳定。具体来说,如案例 3、案例 5、案例 7、案例 9 和案例 22 所示,案例 3 是建于 1980 年之前寒冷地区的居住建筑,在利用历史气温数据进行预测时,其改造预测结果在"全部改造"和"外窗和外墙改造"两类策略之间进行波动,考虑未来不同情境下的气温数据时，其改造预测策略变为了"外窗和外墙改造"，这也可能是由于气温数据在历史时期（1980—2010 年）发生了波动，但是在未来长周期内其气温变化趋势也更为明显；案例 5 是建于 1980—2005 年寒冷地区的办公建筑，其初始预测结果是"全部改造"，在利用历史气温数据进行预测时，其表现出了波动的趋势，在"全部改造""外窗和外墙改造"和"屋顶改造"三种状态之间进行波动，考虑不同情景下的未来气温数据后，其产生了较为稳定的改造策略，变为"屋顶改造"；案例 7 是建于 1980—2005 年寒冷地区的办公建筑，其初始预测结果是"全部改造"，从考虑 2000 年的气温数据后，其发生稳定的改造策略变化趋势，变为"外窗改造"；案例 9 是建于 1980—2005 年寒冷地区的居住建筑，其初始预测改造策略为"全部改造"，利用历史气温数据进行预测时，其改造策略在 3（"外窗和外墙改造"）、2（"外窗改造"）之间进行波动，考虑两种未来情景下长周期的气温数据后，其改造预测策略稳定地变为了"外窗改造"；案例 22 是建于 1980 年之前夏热冬暖地区的旅馆建筑，其初始改造预测结果为"全部改造"，在利用历史气温数据进行预测时，其改造变化情况和案例 5 的波动趋势非常相似，在"全部改造""外窗和外墙改造"和"屋顶改造"三种状态之间进行波动，考虑不同情景下的未来气温数据后，其产生了较为稳定的改造策略，变为"屋顶改造"。

　　还有一些建筑在利用历史气温数据（1980—2010 年）进行改造策略预测的时候体现了某种变化趋势，且稳定在了某种预测改造策略，即使考虑了气候变化的影响，其稳定的预测改造策略并没有发生改变。具体来说，如案例 20 所示，案例 20 是建于 1980—2005 年夏热冬冷地区的办公建筑，其初始改造预测策略为"外窗和外墙改造"，在利用历史气温数据进行改造策略预测时，短期内在 3（"外窗和外墙改造"）和 2（"外窗改造"）这两类改造策略中进行波动并稳定在"外窗改造"，即使后续考虑了长周期的气候变化的影响，将动态气温数据输入模型中，其预测的策略并没有发生变化，仍然为"外窗改造"。

　　但是也有些建筑在利用历史气温数据（1980—2010 年）进行改造策略预测时体现了另一种变化趋势，考虑未来情景下的气温数据（2020—2100 年）后出现了一定的波动，当未来周期拉长后，可以获得新的变化趋势。具体来说，如案例 8 所示，案例 8 是建于 1980—2005 年寒冷地区的居住建筑，其初始预测改造策略是"全部改造"，在利用历史气温数据进行预测时，其改造策略在"全部改造"和"外窗和外墙改造"之间波动，并稳定在了"外窗和外墙改造"策略。考虑未来情景下的气温数据后，在 SSP585 情景下的 2100 年，其预测改造策略变为了"外窗改造"。

3）考虑气候变化后，围护结构改造需求有所下降

考虑气候变化后，位于夏热冬暖地区和夏热冬冷地区的建筑围护结构改造策略发生了明显的改变，且大部分建筑的围护结构改造需求变小，具体表现为发生围护结构改造的建筑变少。较为明显的是，有些建筑根据 1980 年的气候条件数据需要"全部改造"，考虑气候变化后，只需要"外窗改造"或"外窗和外墙改造"。具体来说，如案例 15、案例 16、案例 17 和案例 24 所示。案例 15 是建于 1980—2005 年夏热冬冷地区的办公建筑，其初始的预测改造策略为"全部改造"，将不同时期的动态气温数据输入模型后，其预测的改造策略发生了变化，改造策略在"全部改造""外窗改造"和"屋顶改造"之间波动，当考虑极端气候变化情景（SSP585）和长周期的变化（2080—2100 年）情况，其改造策略趋于稳定，为"外窗改造"。可能是因为考虑气候变暖后，该地区建筑对围护结构的保温性能需求减弱，而相反的对遮阳的需求增加，其他改造措施需求减少，"外窗改造"策略趋于稳定。案例 16 是建于 1980—2005 年夏热冬冷地区的居住建筑，其初始预测改造策略是"全部改造"，考虑动态气温数据后，其改造策略与案例 15 类似，在"全部改造""外窗改造"和"外窗和外墙改造"之间波动，最终趋于稳定的"外窗改造"；案例 17 是建于 1980—2005 年夏热冬冷地区的办公建筑，其初始预测改造策略是"全部改造"，考虑动态气温数据后，其改造策略与案例 15 类似，在"全部改造""外窗改造"和"外窗和外墙改造"之间波动，最终趋于稳定的"外窗改造"；案例 24 是建于 2006—2015 年夏热冬暖地区的医院建筑，其初始预测改造策略是"屋顶和外窗改造"，在考虑动态气温数据后，其改造策略在"屋顶和外窗改造""外窗和外墙改造"以及"外窗改造"之间进行波动，在 SSP245 情景下，其改造策略趋于稳定，为"外窗和外墙改造"，在 SSP585 情景下，其改造策略趋于稳定，为"外窗改造"。

考虑气候变化后，位于严寒地区和寒冷地区的建筑围护结构改造策略发生了明显的改变。具体来说，如案例 1、案例 2 和案例 5 所示。案例 1 是建于 2006—2015 年严寒地区的办公建筑，其初始预测改造策略为"全部改造"，将历史动态气温数据输入改造预测模型后，其改造策略在 2010 年的气温数据下，首次变为"外窗和外墙改造"，之后在不同的未来气候预测情景下都发生了一定的波动，主要集中在"外窗和外墙改造"和"外窗改造"之间；案例 2 是建于 1981—2005 年严寒地区的居住建筑，其初始改造策略为"全部改造"，在考虑历史动态气温数据

之后，其改造策略发生了波动，考虑未来气温数据情景后，其改造策略集中在"外窗和外墙改造"和"屋顶和外墙改造"之间；案例 5 是建于 1980—2005 年寒冷地区的办公建筑，其初始的改造策略为"全部改造"，利用历史气温数据后，其改造策略在"全部改造""外窗和外墙改造"以及"屋顶改造"之间进行波动，在不同的未来预测情景下，其改造策略趋于稳定为"屋顶改造"。总的来说，位于严寒地区和寒冷地区的建筑，其围护结构改造需求变小，具体体现为围护结构需要改造的案例变少。

4）不同情景下的未来气候条件数据将影响建筑围护结构改造策略

考虑未来气候变化后，有些建筑的改造预测策略可能在 SSP245 气候预测情景下发生变动，但在 SSP585 气候预测情景下变化趋于稳定。具体来说，如案例 6、案例 12 和案例 18 所示。案例 6 是建于 1980—2005 年寒冷地区的办公建筑，其初始预测的改造策略为"全部改造"，在历史动态气温数据下，其改造策略发生了一定的波动，在 SSP245 情景下，其改造策略在"屋顶改造"和"外窗改造"之间进行波动，在 SSP585 情景下，其改造策略稳定在了"外窗改造"；案例 12 是建于 1980—2005 年寒冷地区的办公建筑，其初始预测改造策略为"外窗和外墙改造"，考虑气候变化后，其改造策略在不同时期发生了较大波动，在 SSP245 情景下，其改造策略在"屋顶改造"和"外窗改造"之间进行波动，在 SSP585 情景下，其改造策略也稳定在了"外窗改造"；案例 18 是建于 1980—2005 年夏热冬冷地区的办公建筑，其初始预测改造策略为"外窗和外墙改造"，考虑气候变化后，其改造策略在2（"外窗改造"）、3（"外窗和外墙改造"）和 4（"屋顶改造"）之间波动，在 SSP245 情景下，仍然存在波动，在 SSP585 情景下，其改造策略趋于稳定，为"屋顶改造"。

此外，利用 SSP585 情景下的气温预测数据会使初始改造策略为"全部改造"的案例改造需求变少。具体来说，如案例 15 所示。案例 15 是建于 1980—2005 年夏热冬冷地区的办公建筑，其初始改造策略为"全部改造"，在历史动态气温数据和 SSP245 情景的未来气温数据下，其预测改造策略存在波动，且在 SSP245 情景下的 2080 年气温数据下，预测改造策略为"全部改造"，在 SSP585 情景下，其预测改造策略稳定为"外窗改造"，相比之前有明显的围护结构改造需求减少的趋势。

（2）HVAC 系统改造典型案例

为了进一步评估考虑气候变化对 HVAC 系统改造策略的决策影响，本节主要对典型案例的 HVAC 系统改造策略变化情况进行了分析，具体见表 5-2。其中 HVAC 系统改造策略共有 4 种，分别用 0～3 进行表示，其中 0 代表"不进行任何改造"，1 代表"制冷系统改造"，2 代表"供暖系统改造"，3 代表"全部改造"。根据表 5-2 得出的主要结论如下：

1）HVAC 系统策略稳定性不同

有些初始改造策略为"供暖系统改造"和"全部改造"的案例对气候变化较为敏感，改造策略不稳定。大多数发生改造策略变化的建筑都是 HVAC 系统初始预测改造策略为"全部改造"的案例。具体来说，如案例 1、案例 7 和案例 10 所示。案例 1 是建于 1980—2005 年严寒地区的居住建筑，其初始预测改造策略为"全部改造"，考虑气候变化后，其预测改造策略在 3（"全部改造"）和 1（"制冷系统改造"）之间波动；案例 7 是建于 2006—2015 年夏热冬冷地区的办公建筑，其初始预测改造策略为"全部改造"，考虑气候变化后，其波动情况与案例 1 类似，在考虑长时间周期后，其预测结果稳定在"制冷系统改造"；案例 10 是建于 2006—2015 年夏热冬冷地区的办公建筑，其初始预测结果为"全部改造"，考虑气候变化后，在利用历史动态气温数据进行预测时，没有发生明显变化，当考虑 SSP245 情景下的气温数据时，其改造策略开始发生波动，当考虑 SSP585 情景下的气温数据时，在 2080—2100 年，其预测改造策略趋于稳定，为"制冷系统改造"，这说明案例 10 比案例 7 的围护结构改造需求更大，只有当情景更严格、周期更长时，其变化趋势才会更加明显。

在所选的典型案例中有 7 个寒冷地区和 3 个夏热冬冷地区的建筑，其初始预测改造策略为"供暖系统改造"，在考虑气候变化后，其改造策略均变为了"不进行任何改造"。具体来说，如案例 4 和案例 5 所示。案例 4 是建于 1980—2005 年寒冷地区的办公建筑，其初始改造策略为"供暖系统改造"，将动态气温数据输入模型后，其预测结果为"不进行任何改造"。类似地，案例 5 是建于 1980 年之前寒冷地区的办公建筑，其初始预测改造策略为"供暖系统改造"，在考虑气候变化后，其预测结果变为"不进行任何改造"。这些建筑在一定程度上说明了气候变化会使寒冷地区和夏热冬冷地区建筑的供暖需求减少。

2）HVAC 改造策略变化趋势在长期更加明显

考虑气候变化后，有些建筑初始改造策略会有所波动。在历史动态气温数据和 SSP245 情景下只出现了小幅度波动，且结果不稳定；在 SSP585 情景下，当周期选择到 2080 年时，其预测改造策略趋于稳定，为"制冷系统改造"。具体来说，如案例 8 和案例 9 所示。案例 8 是 1980—2005 年夏热冬冷地区的办公建筑，其初始预测改造策略为"制冷系统改造"，将历史动态气温数据纳入模型后，其预测改造策略在 1（"制冷系统改造"）和 3（"全部改造"）之间波动，在 SSP245 情景下该波动仍存在，当选择 SSP585 情景下的未来气温数据后，在 2080 年之后该建筑的改造策略稳定为"制冷系统改造"；案例 9 是建于 2006—2015 年夏热冬暖地区的医院建筑，其初始预测改造策略为"全部改造"，将历史动态气温数据纳入模型后，其预测改造策略发生了和案例 8 一样的波动情况，在 SSP245 情景下该波动仍存在，当输入 SSP585 情景下的未来气温数据后，在 2080 年之后该建筑的改造策略稳定为"制冷系统改造"。

3）制冷系统改造需求增大，供暖系统改造需求减少

有些位于严寒地区和寒冷地区的建筑，其 HVAC 系统改造策略并不稳定，这些建筑对气候变化较敏感，在未来决策中需重点关注气候适应性问题。具体来说，如案例 1 和案例 2 所示。案例 1 是建于 1980—2005 年的严寒地区的居住建筑，其初始预测结果是"全部改造"，考虑气候变化时，其改造预测策略在"全部改造"和"制冷系统改造"之间波动；案例 2 是建于 1980—2005 年寒冷地区的居住建筑，其变化趋势和案例 1 相似，存在波动。

有些位于不同气候区的建筑供暖系统改造需求明显减少。具体来说，如案例 3、案例 7 和案例 11 所示。案例 3 是建于 1980—2005 年寒冷地区的教育建筑，其初始改造策略为"全部改造"，考虑气候变化时，其改造需求有减少的趋势，改造策略为"制冷系统改造"；案例 7 是建于 2006—2015 年夏热冬冷地区的办公建筑，其初始改造策略为"全部改造"，在考虑历史动态气温数据和未来预测数据时，其表现出较为稳定的变化趋势，为"制冷系统改造"；案例 11 是建于 2006—2015 年夏热冬暖地区的医院建筑，其初始预测改造策略是"全部改造"，在考虑历史动态气温数据后，其改造策略在 2000 年气温数据背景下，首次发生了改造策略变化，变为"制冷系统改造"，在 SSP245 和 SSP585 的两种未来气候变化情景下，其改造策略趋于稳定，为"制冷系统改造"。

这些变化和之前研究气候变化对建筑能耗影响的结论一致，说明了考虑气候适应性时，需关注并避免多余的供暖系统改造。

HVAC 系统改造典型案例

表 5-2

序号	气候区	建筑类型	建成年代	历史气温数据预测结果				SSP245 情景下未来预测气温					SSP585 情景下未来预测气温				
				1980	1990	2000	2010	2020	2040	2060	2080	2100	2020	2040	2060	2080	2100
1	严寒地区	居住建筑	1980—2005	3	3	1	3	3	3	1	1	1	1	3	1	3	3
2	寒冷地区	教育建筑	1980—2005	1	1	1	1	3	3	1	1	1	1	3	1	3	3
3	寒冷地区	教育建筑	1980—2005	3	3	3	3	3	1	3	3	1	3	3	3	1	1
4	寒冷地区	办公建筑	1980年前	2	0	0	0	0	0	0	0	0	0	0	0	0	0
5	寒冷地区	办公建筑	1980年前	2	0	0	0	0	0	0	0	0	0	0	0	0	0
6	夏热冬冷	旅馆建筑	1980—2005	1	3	3	3	3	3	3	1	3	3	1	3	1	1
7	夏热冬冷	办公建筑	2006—2015	3	1	1	1	1	3	1	1	1	3	1	1	1	1
8	夏热冬冷	办公建筑	1980—2005	1	3	3	3	1	1	3	3	3	3	1	3	1	1
9	夏热冬暖	医院建筑	2006—2015	3	1	3	3	1	3	3	3	3	3	3	3	1	1
10	夏热冬暖	办公建筑	2006—2015	3	3	3	3	3	1	3	3	3	3	3	3	1	1
11	夏热冬暖	医院建筑	2006—2015	3	3	1	1	1	1	1	1	1	3	1	1	1	1
12	夏热冬暖	教育建筑	1980—2005	3	3	1	1	1	1	1	1	1	1	1	1	1	1
13	夏热冬暖	教育建筑	1980年前	3	3	1	1	3	3	1	3	3	1	2	1	1	1

注：0代表"不进行任何改造"；1代表"制冷系统改造"；2代表"供暖系统改造"；3代表"全部改造"。

4）不同情景下的未来气候条件数据将影响 HVAC 系统改造策略

有些建筑虽然在历史动态气温数据和 SSP245 情景下的未来气温数据下没有展现出稳定的变化趋势，但在更严格的 SSP585 情景下，体现出较明显的变化趋势。一些初始预测改造策略为"全部改造"的建筑，在历史动态气温数据下，其改造策略在"全部改造"和"制冷系统改造"策略之间波动，在 SSP245 情景下的未来气温数据下，其改造策略仍存在波动。

具体来说，如案例 6、案例 8 和案例 13 所示。案例 6 是建于 1980—2005 年夏热冬冷地区的旅馆建筑，其初始改造策略为"制冷系统改造"，在考虑历史动态气温数据时，在 1990—2010 年气温数据下，改造策略为"全部改造"，在 SSP245 情景的未来气温数据下，在 2020 年其预测结果为"制冷系统改造"，而在其他年份均预测为"全部改造"，虽然在 SSP585 情景下，这两种改造策略的波动仍存在，但在 SSP585 情景下 2080 年之后，其预测结果趋于稳定，为"制冷系统改造"；案例 8 是建于 1980—2005 年夏热冬冷地区的办公建筑，初始改造策略为"制冷系统改造"，但不稳定，在历史动态气温数据下，其改造策略在 2000 年和 2010 年发生变化，变为"全部改造"，在 SSP245 情景的未来气温数据下，其改造策略也从"制冷系统改造"变为"全部改造"，在 SSP585 情景的未来气温数据下，其改造策略在 2080 年稳定为"制冷系统改造"；案例 13 是建于 1980 年之前夏热冬暖地区的教育建筑，其初始改造策略为"全部改造"，在历史动态气温数据下，其改造策略由"全部改造"变为"制冷系统改造"，在 SSP245 情景下的未来气温数据，其改造策略在"全部改造"和"供暖系统改造"之间波动，没有稳定的趋势，在 SSP585 情景下的未来气温数据，其改造策略虽然在 2020—2040 年之间在"制冷系统改造"和"供暖系统改造"两种策略之间波动，在 2040 年之后，其预测改造策略趋于稳定，为"制冷系统改造"。

整体来说，SSP585 情景比 SSP245 情景更加严格，带来的气温变化程度也更大，即使在 SSP245 情景下 HVAC 系统改造策略有所波动，在 SSP585 情景下其改造策略变化可能表现出稳定的趋势。

5.3.3 建筑可再生能源系统改造策略变化趋势

本部分将历史建筑案例按照 8∶2 分为了训练集案例和测试集案例。测试集案例基于机器学习模型的光伏改造可能性值，如图 5-4 所示；基于 CBR 方法的最相似案例序号及相似度，如图 5-5 所示。

(a)

(b)

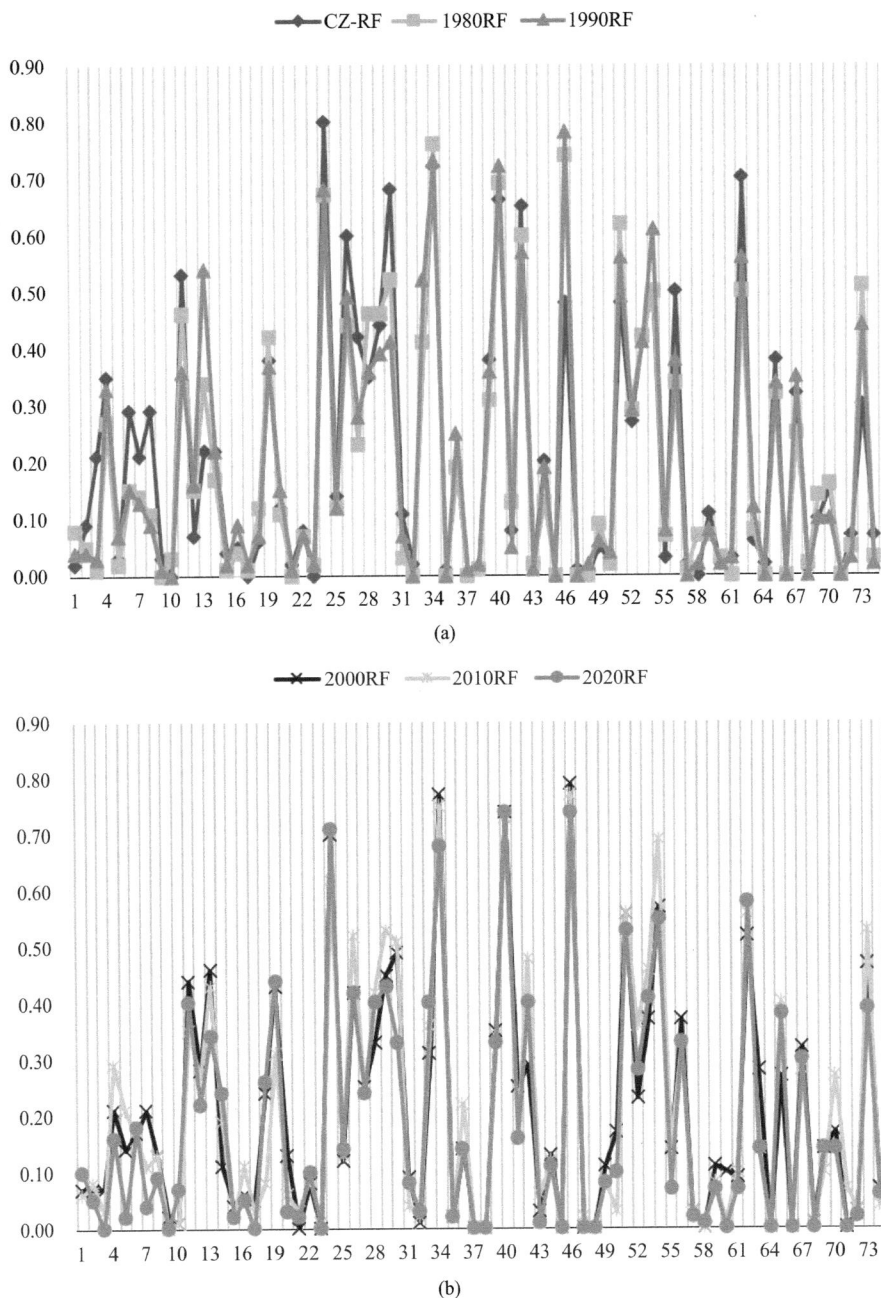

图 5-4　测试集案例光伏改造概率值

（注："CZ-RF"代表的是未考虑气候变化，"1980RF"指的是考虑 1980 年的气温下的改造概率，"1990RF"指的是考虑 1990 年的气温下的改造概率，"2000RF"指的是考虑 2000 年的气温下的改造概率，"2010RF"指的是考虑 2010 年的气温下的改造概率，"2020RF"指的是考虑 2020 年的气温下的改造概率，概率大于 0.5 可以判定应该发生光伏改造）

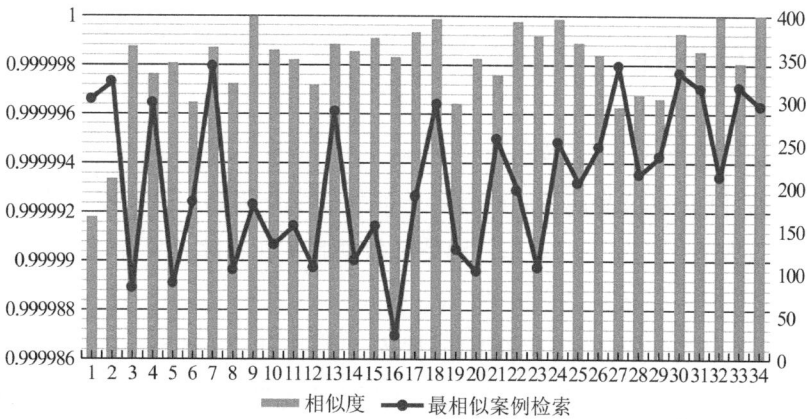

图 5-5　测试集案例光伏改造最相似案例相似度

从图 5-4 中我们可以看出，整体来看，考虑气候变化和未考虑气候变化对于同一个案例来说，概率变化的趋势相对一致，但是对于同一个案例其改造的可能性有部分波动。

有部分案例在考虑气候变化后，其发生改造的概率明显变小，如案例 24、案例 56 和案例 63。有部分案例在考虑气候变化后，处于是否会进行光伏改造的临界值。具体来说，某些案例在未考虑气候变化时，即仅考虑气候区时，案例预测的改造概率大于 0.5，但考虑气候变化后，在部分条件下，其改造概率小于 0.5，如案例 11、案例 26 和案例 29。也有部分案例在考虑气候变化后，其发生改造的概率明显变大，特别是在 2010 年的气候条件下，其改造概率变大，如案例 54 和案例 70。

这可能是因为测试集案例位于不同的气候区，有不同的建筑功能类型，其对气候变化的敏感程度不同，而且也因 2010 年的气温变化幅度相对于其他年代变化较大，所以带来的影响较为明显，这也在一定程度说明了气候变化对光伏改造概率是有影响的，且对于不同建筑存量的功能类型、不同的气候区、不同的建筑面积，其影响的大小不同。也有必要在建筑光伏改造时，考虑未来气候变化这一动态因素。

从图 5-5 中我们可以看出，测试集案例与最相似案例之间的相似度均大于0.999986，约等于测试集案例都能找到一个相似度接近 1 的案例，证明所构建的基于 CBR 的模型具有较强的参考价值。

5.4 本章小结

本章的工作及成果总结如下：

1）整合既有建筑改造长周期性影响的气候变化因素，基于既有建筑单体改造策略决策方法，构建了以动态气温特征数据为条件属性的既有建筑动态改造决策方法。

2）基于已有的气候变化全球数据库，挖掘建立了针对中国不同城市从1980—2100年的气温数据库，具体指标包括年平均气温、月均最高气温、月均最低气温及全年温差，利用历史气温数据验证了第3章所构建的以气候区为条件属性的既有建筑单体改造策略决策方法的稳定性。

3）通过动静态比较分析，明确了气候变化对建筑改造决策的影响，具体包括：①围护结构改造需求减少，制冷系统改造需求增加；位于夏热冬冷地区和寒冷地区的建筑，其围护结构改造策略发生变化的案例占比较高；位于寒冷地区和夏热冬暖地区的建筑，其HVAC系统发生变化的案例占比较高；②居住建筑围护结构改造策略具有高度不确定性，医院建筑HVAC系统改造策略具有高度不确定性；③建于1980年之前的建筑，其围护结构改造策略发生变化的概率较大，建于2006—2015年的建筑，其HVAC系统改造策略发生变化的概率较大；④考虑气候变化和未考虑气候变化对于同一个屋顶光伏改造案例来说，其改造的可能性有部分波动；⑤有必要在建筑光伏改造时，考虑未来气候变化这一动态因素。

第 6 章

决策模型验证

建筑节能改造

智能决策模型及方法研究

本章首先针对第 3 章所构建的既有建筑单体改造策略决策方法进行建筑单体预测结果验证，比较分析改造策略预测结果差异产生的原因。针对第 4 章所构建的既有建筑组合改造规划决策方法，应用多个建于同一气候区的典型建筑作为案例组合，通过改变不同建筑改造总面积目标输出符合标准要求且成本最小的差异化改造规划方案，确定决策方法的适用性。针对第 5 章所构建的既有建筑动态改造决策方法，基于典型案例动静态比较分析，研究确定动态气候条件对建筑组合改造规划决策的影响。

6.1 建筑单体改造策略决策

6.1.1 围护结构及 HVAC 系统单体改造结果分析

（1）案例分布情况

本研究共收集到 301 个有参考价值的既有建筑节能改造案例用于建筑单体改造策略决策方法的研究，具体如第 3 章所示。本研究将 301 个案例按照 7∶3 分成训练集和测试集，将训练集中的案例作为机器学习算法训练基础，将测试集中的案例用于验证建筑单体改造策略预测结果有效性，案例具体分布如图 6-1～图 6-4 所示。

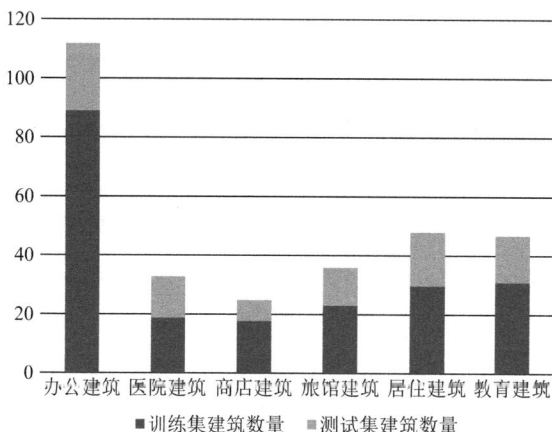

图 6-1 训练集和测试集建筑类型分布情况

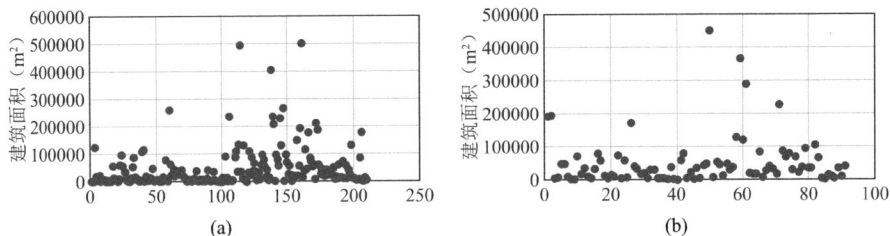

图 6-2　训练集（上）和测试集（下）建筑面积分布情况

（a）训练集案例编号；（b）测试集案例编号

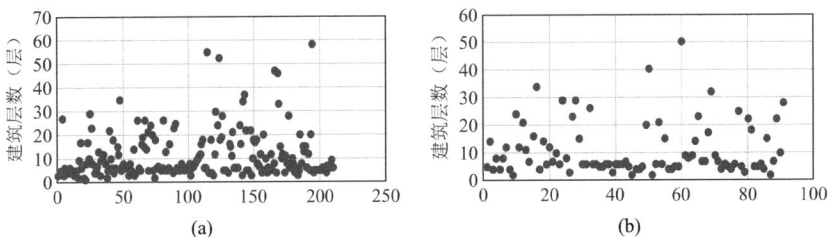

图 6-3　训练集（上）和测试集（下）建筑层数分布情况

（a）训练集案例编号；（b）测试集案例编号

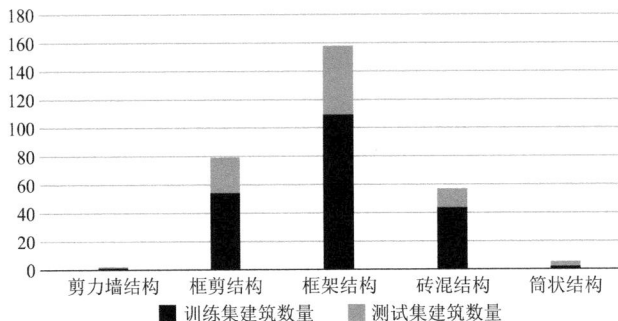

图 6-4　训练集和测试集建筑结构分布情况

　　由图 6-1 可知，案例库中办公建筑数量最多，占比最大，医院建筑、商店建筑、旅馆建筑、居住建筑和教育建筑之间的数量虽然有差距，相对较为平均。此外，训练集的各类建筑分布和整体样本分布较为一致，属于比较理想的训练集；测试集中各建筑类型分布和整体情况一致，仍然为办公建筑数量最多、商店建筑数量最少，数量相差不大，整体分布相对平均。根据案例的建筑面积分布情况分析，建筑面积为连续性数据，从图 6-2 中可以看出训练集和测试集的面积分布相对集中在 0～300000m²，本研究对连续性数据进行了聚类处理。根据案例的建筑层数分布情况分析（建筑层数为整数），从图 6-3 中可以看出训练集和测试集的建筑层数分布集中在0～50层。根据案例的建筑结构分布情况分析，从图6-4中可以看出建筑案例大多数为框架结构，其次是框剪结构和砖混结构，最少的是剪力墙结构。训练集与测试集的建筑类型分布与整体案例建筑类型分布基本一致，属于较为理想的情况。

（2）围护结构改造策略预测结果

既有建筑单体改造策略决策方法预测结果表明，不同气候区的围护结构改造策略有显著差异，具体如图6-5所示。从图中可以看出，严寒地区的围护结构预测改造策略包括"不进行任何改造"和"全部改造"，可能是因为在严寒地区，围护结构是保温的关键环节，也是既有建筑改造的重点内容，一旦位于严寒地区的建筑其围护结构不满足标准要求，考虑到所在气候区的气候条件，绝大多数情况下需要进行全部改造才能保证保温达标；寒冷地区的围护结构预测改造策略包括"全部改造""外窗和外墙改造""不进行任何改造"以及"外窗改造"，寒冷地区建筑发生"全部改造"的占比较大，其原因可能和严寒地区类似；夏热冬暖地区的围护结构预测改造策略包括"不进行任何改造""全部改造""外窗和外墙改造""外窗改造"以及"屋顶和外窗改造"，与严寒地区和寒冷地区相比，夏热冬冷地区发生"全部改造"的建筑占比明显减少，"不进行任何改造"的建筑占比增加，大约三分之一的建筑都在外窗部位进行了改造；夏热冬暖地区的围护结构预测改造策略包括"不进行任何改造""外窗改造""全部改造"和"外窗和外墙改造"，与夏热冬冷地区相比，其"不进行任何改造"的建筑占比增加，"全部改造"的建筑减少，在夏热冬暖地区发生"外窗改造"的建筑占比相较于其他三个气候区有明显提高，主要原因是夏热冬暖地区的建筑进行围护结构改造的主要目的除了保温还有遮阳，很多夏热冬暖地区的建筑进行"外窗改造"是增加窗户的隔热或防晒涂层。

（3）HVAC 系统改造策略预测

既有建筑单体改造策略决策方法预测结果表明，不同气候区的 HVAC 系统改造策略有明显差异，具体结果如图6-6所示。从图中可以看出，严寒地区建筑的 HVAC 系统预测改造策略为"不进行任何改造"和"制冷系统改造"，且"不进行任何改造"的建筑占比较大，这是因为在严寒地区很多供暖系统本身处于达标且运行状态，而对制冷系统的需求没有南方地区高，大多数的 HVAC 系统并不需要改造；寒冷地区建筑的 HVAC 系统预测改造策略中，四种策略均有，其中占比较大的是"不进行任何改造"和"制冷系统改造"，其主要原因和严寒地区类似，但是寒冷地区有约20%的建筑选择了"全部改造"和"供暖系统改造",证明了供暖需求在寒冷地区仍存在,而制冷需求也比较大;夏热冬冷地区建筑的 HVAC 系统预测改造策略包括"制冷系统改造""不进行任何改造"和"全部改造",与严寒地区与寒冷地区相比,夏热冬冷地区建筑的制冷需求明显增加,而且其发生"全部改造"的建筑占比较小;夏热冬暖地区建筑的 HVAC 系统预测改造措施与夏热冬冷地区建筑一致,较为明显的是改造策略为"制冷系统改造"的建筑占比比夏热冬冷地区大,说明此气候区的制冷需求进一步提高,这也符合不同气候区的特点,其"不进行任何改造"的建筑占比减少。

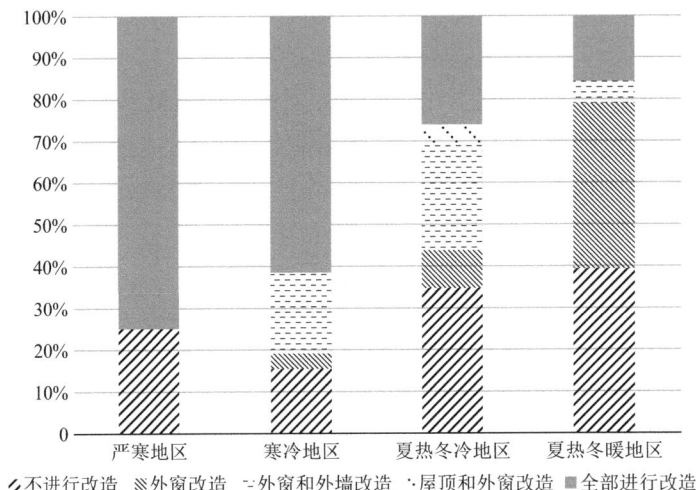

图 6-5　不同气候区测试集案例围护结构预测改造策略情况

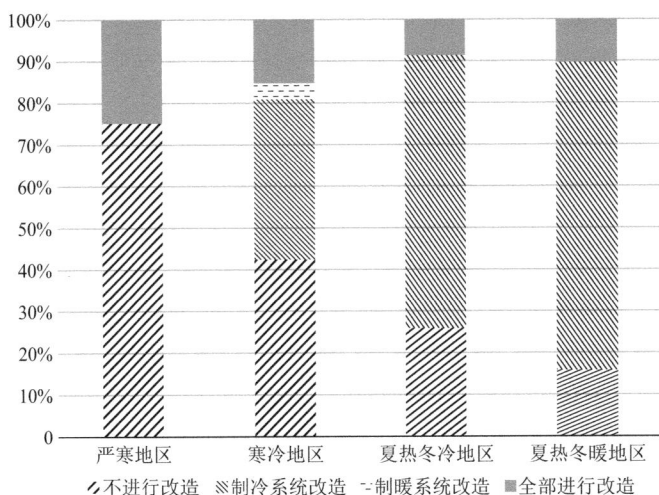

图 6-6　不同气候区测试集案例 HVAC 系统预测改造策略情况

6.1.2 可再生能源系统单体改造结果分析

本部分对来自40个住宅社区的307栋建筑进行了分析，每栋建筑的光伏板改造预测概率以及改造建筑的相似度计算结果如图6-7所示。该图中，位于下部的线为预测概率，集中在0～0.5之间，表明光伏板改造的可能性相对较低。这可能是因为之前的光伏板改造工作主要针对公共建筑，对住宅建筑的实施参考有限。因此，本研究引入了第二个变量来提供隐性知识：最大相似度，并将其与已经改装的案例进行了计算和比较。图中位于上部的线为最大化相似度，右侧坐标轴上显示的最大相似度集中在0.4～1.0之间。因此，基于相似度，确定了几个适合光伏电池板改造的社区。训练集中最相似的案例是位于寒冷地区的一栋面积为22000m²的住宅楼，该建筑经历了光伏改造，证明了所采用的参考方法的准确性。因此，在确定一栋建筑是否需要改造时，可以考虑两个关键指标：与寒冷地区改造住宅楼的最大相似度，以及已建立的机器学习模型预测的潜在改造的概率排名。然而，这仅作为参考。在实际的改造过程中，仍需考虑成本和预算限制等因素。因此，建立了6.2节中的优化模型。

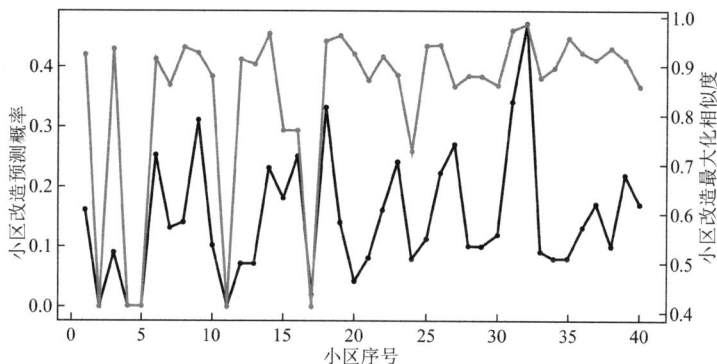

图6-7 不同小区中单个建筑物的预测概率和相似度

6.2 区域级建筑组合改造规划决策

6.2.1 围护结构及HVAC系统改造规划结果分析

为验证建筑组合改造规划决策方法的应用效果，本节主要利用典型建筑进行建筑组合改造决策。典型建筑选择标准如下：①所选建筑位于同一气候区，在实际应用中，很多建筑组合的决策大多数是位于同一城市的建筑群，为了尽可能符合实际应用场景，本节选择位于同一气候区的典型建筑，有助于模型的进一步验证；②所选的典型建筑均为办公建筑，因为在所学习的案例库中其占比较大，且改造所选方案中既有围护结构又有 HVAC 系统，在实际过程中一般建筑组合的决策目标也是同一类型的建筑总面积；③所选建筑均建于 1980—2005 年，建于这个阶段的建筑大部分不符合目前建筑能耗标准要求，需要进行改造，而且这部分建筑也是实际改造过程中的重点改造对象。最后，在典型案例选择过程中，并未对建筑层数和面积进行限制，这符合实际情况，在实际改造执行过程中，提出的是同一气候区、同一建筑类型的建筑总面积改造目标，对于建筑的其他属性没有做过多要求，这也有利于该模型的广泛应用。

根据这些标准，本节选择了 5 栋建于 1980—2005 年位于寒冷地区的办公建筑，详细信息见表 6-1。表中第 11 行提供了 5 栋办公建筑的围护结构改造策略预测结果，第 12 行提供了 HVAC 系统改造策略预测结果。这 5 栋建筑的外墙、外窗和屋顶的热工性能K值在表格的最后 3 行。这里采用的是《建筑节能与可再生能源利用通用规范》GB 55015—2021 中对于既有建筑节能改造的围护结构和 HVAC 系统的性能指标进行建筑组合的模型计算。其中，外墙、屋顶和外窗的热工性能值要求分别为 0.5、0.4 和 1.9，COP值标准要求为 3。建筑材料的价格信息也可从第 4 章中获得。

在实际过程中，一般是由政策制定者或者建筑所有者在相关政策或者规划中提出总改造面积目标，在模型验证的过程中，为了更好地体现建筑组合决策随着总改造面积目标变化而变化的情况，本模型设定了总改造面积目标为 5 栋建筑总面积的百分比，该百分比从 0～100%，以 1%的步长进行调整，最后得到每调整 1%，建筑组合改造规划方案的变化情况。

由于模型考虑围护结构和 HVAC 系统改造，为更全面地对模型结果进行论证，本节分别将仅考虑围护结构改造、仅考虑 HVAC 系统改造和同时考虑两个系统改造的建筑组合决策结果进行分析比较。

（1）考虑围护结构改造

当建筑组合中仅考虑围护结构改造时，模型决策结果见表 6-2。从表中可以看出，改造组合的整体趋势是，当总改造面积目标不断扩大时，不同的建筑组合被纳入改造规划方案中，直到总改造面积目标达到 99%，五栋建筑全部被纳入改造规划方案中。具体来说，当总改造面积目标相对较小时（总面积的 1%～3%），该模型优先考虑将小面积的建筑单体纳入改造规划方案中；当总改造面积目标为总面积的 4%～6% 时，模型优先考虑将小面积建筑纳入改造规划方案中，改造费用为 1842782～2540002 元；当总改造面积目标大于 10422m² 时，建筑 4 首次被纳入改造规划方案中；当总改造面积目标为总面积的 16%～84% 时，模型建议仅改造建筑 3，改造花费为 28108187 元，是其他建筑围护结构总改造花费（5482398 元）的 5 倍左右，这是因为改造 3 的建筑面积大，围护结构改造花费大，只有在建筑面积目标足够大，其他建筑总面积满足不了时，才会将其纳入改造规划考虑；当总改造面积超过总面积的 84%，在考虑建筑 3 基础上，其他建筑逐步纳入建筑改造规划方案中；当总改造面积目标大于 147398m² 时，全部建筑都纳入改造规划方案中，改造最低成本为 33590585 元。

（2）考虑 HVAC 系统改造

当建筑组合中仅考虑 HVAC 系统改造时，模型决策结果见表 6-3。从表中可以看出，改造组合的整体趋势是，当总改造面积目标不断扩大时，不同的建筑组合被纳入改造规划方案中和仅考虑围护结构改造的建筑组合改造计划结果一致，直到总改造面积目标达到 99%，五栋建筑全部被纳入改造规划方案中。值得注意的是在这五个典型建筑中，建筑 2 是不需要进行 HVAC 系统改造的，在改造规划中显示的是建筑 2 可以被纳入改造总面积计算中，不影响总改造花费。具体来说，当总改造面积目标达到总面积的 5% 时，建筑 1 首次被纳入改造规划方案中；当总改造面积目标为总面积的 5%～7% 时，建筑 1 和建筑 5 是改造组合的首选；当总改造面积目标达到总面积的 8% 时，建筑 4 首次被纳入改造规划方案中；当总改造面积目标为总面积的 9%～15% 时，改造组合主要考虑建筑 1、建筑 2、建筑 4 和建筑 5；与围护结构改造组合一样的趋势是，当总改造面积目标为总面积的 16%～88% 时，改造组合仅考虑建筑 2 和建筑 3，改造花费为 50472000 元，是其他四栋建筑 HVAC 系统改造总花费（3401464 元）的 5～6 倍，这可能是因为建筑 3 改造面积较大，且其制冷系统和供暖系统均需要改造，改造价格较高，所以当总改造面积目标大于建筑 1、建筑 2、建筑 4 和建筑 5 的总面积时，改造组合才不得不考虑建筑 3；当总改造面积目标超过总面积的 88%，在考虑建筑 2 和建筑 3 的基础上，其他建筑逐步被纳入改造规划方案中；当总改造面积目标为总面积的 96%～98% 时，建筑组合考虑建筑 1、建筑 2、建筑 3 和建筑 4，总花费为 53059864 元；当总改造面积目标大于 147398m² 时，全部建筑都被纳入改造规划方案中，改造最低成本为 53873464 元。

表 6-1

五个典型建筑基本信息

序号	1	2	3	4	5
气候区	寒冷地区	寒冷地区	寒冷地区	寒冷地区	寒冷地区
建筑类型	办公建筑	办公建筑	办公建筑	办公建筑	办公建筑
建成年代	1988	1998	2004	1995	1992
层数	4	6	27	12	6
地下层数	2	0	4	2	0
建筑面积（m²）	2073	5700	126180	10866.32	4068
建筑结构	砖混结构	框架结构	框架结构	框剪结构	框架结构
图片					
现状描述	建筑围护结构热工性能不能满足公共建筑节能标准要求；HVAC系统不符合现有能效标准，运行效率降低	建筑围护结构热工性能不能满足公共建筑节能标准要求；HVAC系统符合现有能效标准	建筑围护结构热工性能不能满足公共建筑节能标准要求；HVAC系统不符合现有能效标准，运行效率降低	建筑围护结构热工性能不能满足公共建筑节能标准要求；HVAC系统不符合现有能效标准，运行效率降低	建筑围护结构热工性能不能满足公共建筑节能标准要求；HVAC系统不符合现有能效标准，运行效率降低
围护结构预测改造策略	全部进行改造	全部进行改造	外窗进行改造	全部进行改造	全部进行改造
HVAC预测改造策略	供暖系统改造	不进行改造	全部进行改造	制冷系统改造	制冷系统改造
外墙	1.55	0.97	0.63	1.1	3.55
屋顶	1.55	0.91	0.31	1.1	1.56
外窗	4.7	5.8	1.91	3	6.67

考虑围护结构改造 表6-2

建筑总面积百分比	1	2	3	4	5	总面积（m²）148887	最小花费（人民币：元）
1%	✓					1489	389370
2%					✓	2978	1086590
3%		✓				4467	1453412
4%	✓				✓	5955	1475960
5%	✓	✓				7444	1842782
6%		✓			✓	8933	2540002
7%				✓		10422	2553026
8%	✓			✓		11911	2942396
9%				✓	✓	13400	3639616
10%				✓	✓	14889	3639616
11%		✓		✓		16378	4006438
12%	✓	✓		✓		17866	4395808
13%		✓		✓	✓	19355	5093028
14%	✓	✓		✓	✓	20844	5482398
15%	✓	✓		✓	✓	22333	5482398
16%			✓			23822	28108187
84%			✓			125065	28108187
85%	✓		✓			126554	28497557
86%	✓		✓			128043	28497557
87%			✓		✓	129532	29194777
88%		✓	✓			131021	29561599
89%	✓	✓	✓			132510	29950969
90%		✓	✓		✓	133999	30648189
91%		✓	✓		✓	135487	30648189
92%			✓	✓		136976	30661213
93%	✓		✓	✓		138465	31050583
94%			✓	✓	✓	139954	31747803
95%		✓	✓	✓		141443	32114625

建筑总面积百分比	1	2	3	4	5	总面积（m²）148887	最小花费（人民币：元）
96%	✓		✓	✓	✓	142932	32137173
97%	✓	✓	✓	✓		144421	32503995
98%		✓	✓	✓	✓	145910	33201215
99%	✓	✓	✓	✓	✓	147398	33590585
100%	✓	✓	✓	✓	✓	148887	33590585

考虑 HVAC 系统改造　　　　　　　　　　　表 6-3

建筑总面积百分比	1	2	3	4	5	总面积（m²）148887	最小花费（人民币：元）
1%		✓				1489	0
2%		✓				2978	0
3%		✓				4467	0
4%		✓				5955	414600
5%	✓	✓				7444	414600
6%		✓			✓	8933	813600
7%	✓	✓			✓	10422	1228200
8%		✓		✓		11911	2173264
9%		✓		✓		13400	2173264
10%		✓		✓		14889	2173264
11%		✓		✓		16378	2173264
12%	✓	✓		✓		17866	2587864
13%		✓		✓	✓	19355	2986864
14%	✓	✓		✓	✓	20844	3401464
15%	✓	✓		✓	✓	22333	3401464
16%		✓	✓			23822	50472000
84%		✓	✓			125065	50472000
85%		✓	✓			126554	50472000
86%		✓	✓			128043	50472000
87%		✓	✓			129532	50472000

建筑总面积百分比	1	2	3	4	5	总面积（m²）148887	最小花费（人民币：元）
88%		✓	✓			131021	50472000
89%	✓	✓	✓			132510	50886600
90%		✓	✓		✓	133999	51285600
91%		✓	✓			135487	51285600
92%	✓	✓	✓		✓	136976	51700200
93%		✓	✓	✓		138465	52645264
94%		✓	✓	✓		139954	52645264
95%		✓	✓	✓		141443	52645264
96%	✓	✓	✓	✓		142932	53059864
97%	✓	✓	✓	✓		144421	53059864
98%	✓	✓	✓	✓		145910	53059864
99%	✓	✓	✓	✓	✓	147398	53873464
100%	✓	✓	✓	✓	✓	148887	53873464

（3）考虑围护结构和HVAC系统均发生改造

当建筑组合改造决策同时考虑围护结构改造和 HVAC 系统改造时，模型决策结果见表6-4。从表中可以看出，改造组合选择的整体趋势和单独改造围护结构或 HVAC 系统的整体趋势基本一致。在改造组合总改造面积目标不断扩大时，不同建筑组合被纳入改造规划方案中，直到改造总面积目标达到99%，五栋建筑全部进行围护结构和 HVAC 系统的改造。具体来说，改造总面积目标较小时（1%~3%），考虑将建筑 1 和建筑 2 纳入改造规划方案中；改造总面积目标稍大一些达到总面积的 4%~13%时，考虑将改造面积较小且改造价格较低的 2~3 栋建筑单体被纳入改造规划方案中；当改造总面积目标为总面积的 14%~15%时，改造组合考虑除了建筑 3 的其他 4 栋建筑；与围护结构和 HVAC 系统改造组合趋势一致的是，当改造总面积目标为总面积的 16%~84%时，改造建筑组合仅考虑建筑 3，总改造花费为 78580187 元；当总改造面积目标超过总面积的 84%后，其他建筑逐渐纳入建筑改造规划方案的考虑，趋势和没有考虑建筑 3 时一致；当总改造面积目标大于 147398m²时，全部建筑都被纳入改造规划方案中，改造最低成本为 87294246 元。

同时考虑围护结构和 HVAC 系统改造　　　　表 6-4

建筑总面积百分比	1	2	3	4	5	总面积（m²）148887	最小花费（人民币：元）
1%	✓					1489	791405
2%		✓				2978	1406826
3%		✓				4467	1406826
4%	✓	✓				5955	2198231
5%	✓	✓				7444	2198231
6%		✓			✓	8933	3273768
7%	✓	✓			✓	10422	4065173
8%	✓			✓		11911	5440291
9%		✓		✓		13400	6055712
10%		✓		✓		14889	6055712
11%		✓		✓		16378	6055712
12%	✓			✓		17866	6847117
13%		✓		✓	✓	19355	7922654
14%	✓	✓		✓	✓	20844	8714059
15%	✓	✓		✓	✓	22333	8714059
16%			✓			23822	78580187
84%			✓			125065	78580187
85%	✓		✓			126554	79371592
86%	✓		✓			128043	79371592
87%		✓	✓			129532	79987013
88%		✓	✓			131021	79987013
89%	✓		✓			132510	80778418
90%		✓	✓		✓	133999	81853955
91%		✓	✓		✓	135487	81853955
92%	✓	✓	✓		✓	136976	82645360
93%	✓		✓	✓		138465	84020478
94%		✓	✓	✓		139954	84635899
95%		✓	✓	✓		141443	84635899

续表

建筑 总面积百分比	1	2	3	4	5	总面积（m²） 148887	最小花费 （人民币：元）
96%	√	√	√	√		142932	85427304
97%	√	√	√	√		144421	85427304
98%		√	√	√	√	145910	86502841
99%	√	√	√	√	√	147398	87294246
100%	√	√	√	√	√	148887	87294246

总之，在确定建筑组合的改造计划时，当总改造面积目标较小时，优先考虑面积较小且围护结构改造成本较低的建筑单体；当总改造面积目标逐渐扩大时，优先考虑建筑面积小且改造成本低的建筑单体，并根据模型确定其改造顺序和组合；只有当改造面积目标大于特定阈值时，建筑面积较大的建筑才会被考虑在改造计划中。

此外，建筑单体改造策略决策方法预测为需要改造的建筑，可能在建筑组合改造规划决策方法中由于资金和改造总面积的限制，该建筑可能存在暂时不进行改造的情况，这也体现了建筑单体改造策略决策方法和建筑组合改造规划决策方法之间的区别与联系。

最后，尽管本节只选择了 5 个典型建筑作为验证案例，但根据以往对建筑组合改造决策模型的相关研究，这 5 个典型建筑组成的待改造建筑组合可以验证建筑组合决策模型的有效性和适用性。

6.2.2　可再生能源系统改造规划决策结果分析

本研究以北京市丰台区 40 个商品住宅小区的 307 栋居住建筑为例，预测其单个与区域光伏改造。居住建筑在城市和地区建筑光伏潜力计算中占比较大，一定程度上体现了该案例研究的代表性。该地块位于北京市丰台区三环路和四环路之间的住宅区。

建筑形状数据源自开源的百度地图，含屋顶垂直投影面积和建筑物高度等信息，屋顶投影面积通过结合 GIS 软件场景和地图模块获取，社区总屋顶投影面积由社区内建筑数量与各建筑屋顶投影面积之和得出，该数据可满足发电计算需求。所选 40 个小区的基本信息见表 6-5。

所选 40 个小区的基本信息 表 6-5

序号	气候区	建筑类型	建筑面积	建筑结构形式	建筑层数	建筑年代
1	寒冷地区	居住建筑	25053.75	框架结构	17	1997
2	寒冷地区	居住建筑	13446.76	框剪结构	6	1998
3	寒冷地区	居住建筑	41152.79	框架结构	18	2000
4	寒冷地区	居住建筑	12291.60	框剪结构	6	1998
5	寒冷地区	居住建筑	10980.00	框剪结构	6	1998
6	寒冷地区	居住建筑	24427.33	框架结构	11	2010
7	寒冷地区	居住建筑	8179.09	框架结构	6	2004
8	寒冷地区	居住建筑	14814.86	框架结构	12	2004
9	寒冷地区	居住建筑	23210.00	框架结构	11	2006
10	寒冷地区	居住建筑	40812.00	框架结构	24	2001
11	寒冷地区	居住建筑	13207.30	框剪结构	6	1995
12	寒冷地区	居住建筑	38145.57	框架结构	18	1997
13	寒冷地区	居住建筑	34966.00	框架结构	20	1997
14	寒冷地区	居住建筑	14202.00	框架结构	18	2004
15	寒冷地区	居住建筑	66909.65	框架结构	33	2015
16	寒冷地区	居住建筑	44947.07	框架结构	33	2017
17	寒冷地区	居住建筑	10320.15	砖混结构	6	1992
18	寒冷地区	居住建筑	46818.03	框架结构	16	2006
19	寒冷地区	居住建筑	37590.07	框架结构	17	2003
20	寒冷地区	居住建筑	37666.85	框架结构	12	2001
21	寒冷地区	居住建筑	69914.43	框架结构	23	2003
22	寒冷地区	居住建筑	22807.50	框架结构	18	1997
23	寒冷地区	居住建筑	43425.36	框架结构	24	2005
24	寒冷地区	居住建筑	194664.00	框架结构	24	2002
25	寒冷地区	居住建筑	47412.00	框架结构	18	2003
26	寒冷地区	居住建筑	41016.91	框架结构	13	2005

序号	气候区	建筑类型	建筑面积	建筑结构形式	建筑层数	建筑年代
27	寒冷地区	居住建筑	10006.33	框架结构	6	2008
28	寒冷地区	居住建筑	38382.29	框架结构	24	2001
29	寒冷地区	居住建筑	45144.00	框架结构	24	2002
30	寒冷地区	居住建筑	8229.00	框架结构	6	2004
31	寒冷地区	居住建筑	27021.68	框架结构	15	2007
32	寒冷地区	居住建筑	21549.37	框架结构	15	2005
33	寒冷地区	居住建筑	49189.82	框架结构	24	2002
34	寒冷地区	居住建筑	15945.40	框架结构	9	2002
35	寒冷地区	居住建筑	40910.73	框架结构	15	2003
36	寒冷地区	居住建筑	23640.90	框架结构	11	2004
37	寒冷地区	居住建筑	27229.00	框架结构	20	1998
38	寒冷地区	居住建筑	36219.20	框架结构	16	1999
39	寒冷地区	居住建筑	17843.76	框架结构	22	2004
40	寒冷地区	居住建筑	27779.70	框架结构	26	2001

本研究采用 NSGA-Ⅱ算法进行迭代，相关参数设置为 100 次迭代，每次迭代进化到 20 代。所有目标之间的关系如图 6-8 所示。

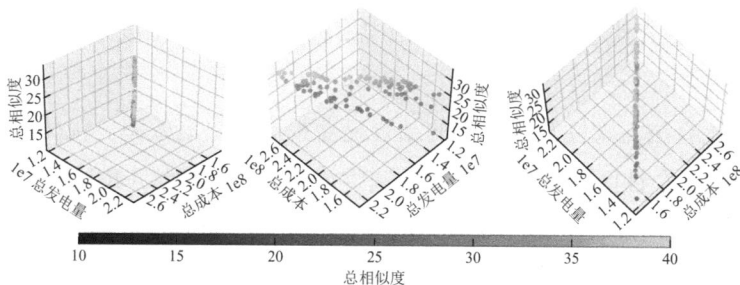

图 6-8　优化迭代算法目标之间关系和相似度的三维截图

最终的优化解决方案如图 6-9 所示。其中，确定了 17 个"理想解决方案"，为决策者提供了参考，包括这些解决方案中代表的住宅社区，以及相应的光伏改造输出和相关成本。不同目标之间的矩阵关系见表 6-6。

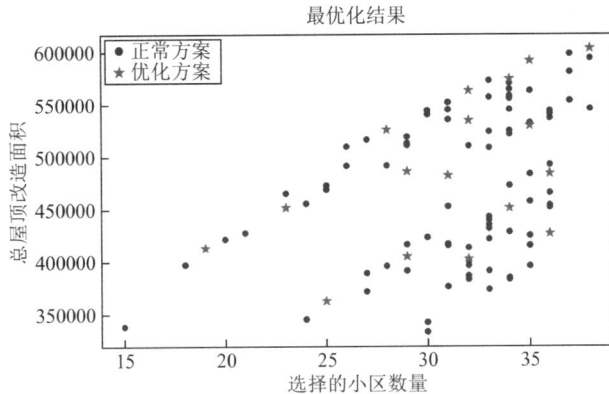

图 6-9　区域预测模型结果

不同目标之间的矩阵关系　　　　　　　　表 6-6

相关性	成本	发电量	改造概率	改造相似度
成本	1	−0.999921	0.380675	0.68387
发电量	−0.99992	1	−0.373601	−0.67764
改造概率	0.380675	−0.373601	1	0.795549
改造相似度	0.68387	−0.677637	0.795549	1

1）住宅建筑光伏板改造的理想解决方案需要一定的规模。从图 6-9 中可以明显看出，对于少于 15 个住宅社区，没有理想的解决方案。这可能是因为当社区规模较小时，光伏板改造的规模效应不易证明，从而使此类改造可能不是最佳的。然而，随着光伏改造逐渐扩展到约 20 个住宅社区，理想的解决方案开始出现并增加。这表明，光伏板改造需以一定的规模进行，以最大限度地降低成本、提高效益。

2）优化算法与隐性知识挖掘的结合显著提高了决策效率。优化过程可以在 1.26s 内为 40 个社区的 307 栋建筑快速生成结果（英特尔（R）酷睿（TM）i5-14600KF，3.50GHz，RAM＝32GB）。相比之下，单个建筑物的物理建模方法每个模型至少需要几分钟或几个小时，而为第二阶段制定光伏电池板改造计划通常需要持续几天甚至几个月的专家讨论。本研究开发的模型在几秒钟内提供了区域决策支持，大大提高了效率。

3）不同目标之间的关系表现出差异。成本和总电量之间的相关系数接近−1（−0.999921），表明这两个目标之间存在很强的负相关关系。这表明，在大多数情况下，总电力的增加伴随着成本的显著增加，而降低成本会导致总电力的减少。在优化过程中选择最佳平衡点至关重要。成本和概率之间的相关性为 0.380675，成本和相似度之间的相关性为 0.683870，表明成本越高，概率和相似度越高。概率和相似度之间存在高度正相关（0.795549），表明它们通常同时增加或减少。这可能是由于这两个目标的互补性或它们对类似系统配置因素的依赖。

4）由于其独特性，不同的社区在所有 17 个理想优化方案中表现出不同的出现频率。不同住宅区的发生频率如图 6-10 所示。浅灰线条表示包含隐性知识的优化结果，而横轴表示社区指数。频率分析显示，社区 8、13、15、16、19 和 31 出现在所有 17 个优化集中，表明了它们进行光伏电池板改造的潜力。这些社区大多建于 2000 年以后，拥有大量可用的屋顶区域。社区 15 和 16 分别建于 2015 年和 2017 年，由于其是最近建设的，可能会降低光伏改造成本。社区 3、4、5、10 和 38 的频率小于 10，表明它们仅在特定的优化条件下出现，并且比上述社区的潜力低。这可能是由于这些社区的建筑数量较少，整体可用面积有限。

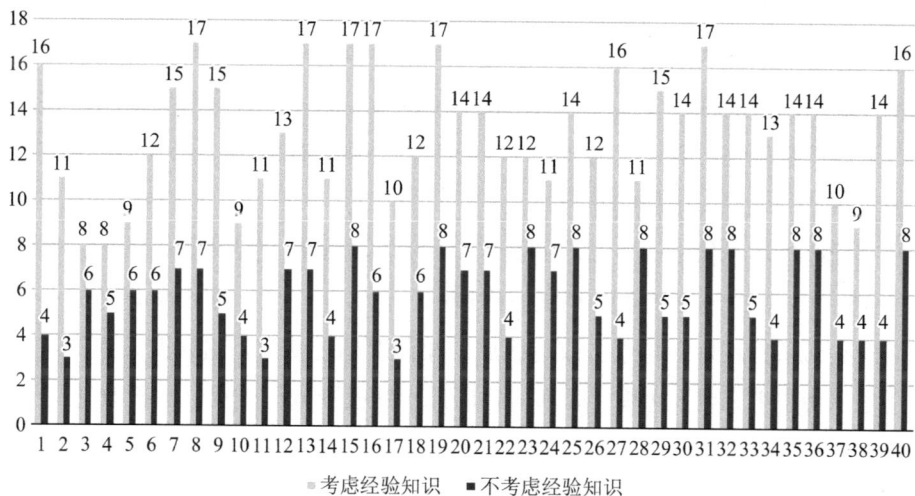

图 6-10 优化计划中出现的每个社区的频率图

为了证明隐性知识对模型结果的影响，本节比较了包含隐性知识（提出的两层智能决策模型）和不包含隐性知识的优化模型的结果。具体来说，当不考虑目标建筑改造相似度和改造可能性概率时，其所输出的优化结果如图 6-11 所示，图中星代表优化结果。显然，不考虑隐性知识的优化解相对分散，导致只有 8 个不同的优化解。

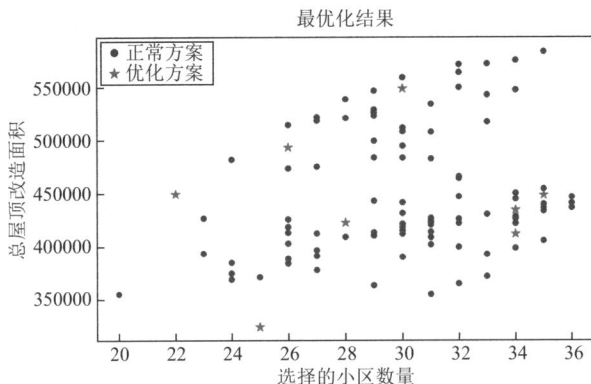

图 6-11　无隐性知识优化模型的优化理想解图

进一步比较优化计划中的小区频率表明，在不考虑隐性知识的情况下，社区频率如图 6-10 所示。从变化趋势可以看出：

总体趋势表明，成本效益是确定优化计划的有效制约因素。然而，差异表明隐性知识可以产生不同的结果。注意到两个显著差异：①社区 2 到社区 7 的发生频率存在显著差异，特别是社区 2、4 和 5，与之前的改造案例的相似度较低（低于 0.5），基于经验的改造概率几乎为零。因此，整合隐性知识降低了它们出现在优化计划中的可能性。②社区 23 和社区 30 的发生频率也存在显著差异，与之前的改造案例相似是可以接受的（0.72～0.95）。然而，社区 24、25 和 28 的改造概率相对较低，导致了结果的差异。

对于有迫切光伏板改造需求的社区，两种模型的优化结果是一致的。例如，社区 15、19 和 31 是在 2000 年之后建造的，社区 15 是在 2015 年建造的。这些区域的建筑条件良好，与过去改造区域的相似度超过 96%。这表明，无论从理论上还是从历史上来看，这些社区都适合以最小的投资进行光伏电池板改造。因此，无论是否考虑隐性知识，该模型都能以最小的成本实现最大的收益。

一些社区光伏电池板改造的预测结果几乎相反，强调了纳入隐性知识的必要性。如果没有隐性知识，某些社区可能会在优化计划中频繁出现，有些社区在 8 个优化计划中出现超过 6 次。然而，有了隐性知识，这些社区出现的概率显著降低，如 2000 年左右建立的社区 3、5 和 24 所示。如果只考虑成本效益，这些社区就属于适合改造的范围。然而，基于已改造的建筑，他们预测的改造概率低于 10%，这表明在隐性知识的情况下，这些社区比其他社区更不适合改造。潜在的限制因素可能包括难以使用标准成本效益优化模型量化的技术挑战。

6.3 考虑气候动态性的改造决策

6.3.1 围护结构和 HVAC 系统改造动态性决策结果

当动态气温数据纳入既有建筑单体改造策略决策方法后，针对建筑单体的围护结构和 HVAC 系统预测改造策略变化情况在第 5 章已进行了详尽分析。本节主要分析当气候变化纳入既有建筑组合改造规划决策方法后，建筑改造组合的变化趋势。本节仍以 6.2 节中所选的位于寒冷地区的 5 栋办公建筑为例，考虑了历史动态气温数据和 SSP585 情景下的未来气温数据。为了更好地展示建筑组合变化情况，本节选择了周期跨度较大的年份进行计算，即对于历史动态气温数据，本节以 1980 年为例；对于 SSP585 情景下的未来气温数据，本节以 2100 年为例。将气候变化纳入模型后，典型案例的预测结果见表 6-7。

从表中可以明显看出在考虑历史动态数据和 SSP585 情景下的未来情景数据后既有建筑单体改造策略决策方法输出的改造策略有明显差异。对于围护结构改造策略来说，建筑 2、建筑 3 和建筑 4 发生了明显变化，这 3 栋建筑的围护结构改造需求明显减少，变为"外窗改造"，和第 5 章的结论一致；对于 HVAC 系统改造策略来说，建筑 1、建筑 3 发生了明显改变，这两栋建筑的 HVAC 系统改造需求也减少了，建筑 1 由"全部改造"变为"不进行任何改造"，建筑 2 由"供暖系统改造"变为"不进行任何改造"。因为建筑单体明显发生变化，可能会带来建筑改造组合决策的变化，考虑不同气候数据的建筑组合改造规划方案变化情况如图 6-12～图 6-14 所示。

为了更好地观察气候变化对建筑组合选择的影响，本节将 6.2 节中的结果也纳入比较，考虑"气候区"的建筑组合改造规划方案如图 6-12 所示，考虑历史动态气温数据（1980 年）的建筑组合改造规划方案如图 6-13 所示，考虑未来 SSP585 情景下的预测气温数据（2100 年）的建筑组合改造规划方案如图 6-14 所示。通过典型案例动静态比较分析，结论如下：

1）建筑组合改造规划方案确定的总体趋势是首选建筑面积小、改造总价低的建筑单体纳入改造规划方案。具体来说，在总改造面积目标不超过建筑总面积的 16% 时，主要是将建筑 1、建筑 2、建筑 4 和建筑 5 纳入建筑改造规划中。

2）当总改造面积目标占总建筑面积超过一定比例时，才会将建筑面积大且改造总价高的建筑单体纳入改造组合选择。如建筑 3 所示，在总建筑目标占比在

16%～84%时，改造规划方案仅考虑建筑3，此结论与6.2节一致。

3）随着总改造面积目标进一步扩大，其他建筑单体纳入改造组合的顺序和趋势与之前类似。具体来说，当总改造面积占比大于84%时，除建筑3外，其他建筑逐步纳入建筑组合改造规划方案中，其趋势和没有考虑建筑3之前类似。

典型案例考虑气候变化后预测改造策略　　　　表 6-7

序号	建成年代	建筑面积（m²）	建筑结构	围护结构改造策略		HVAC 系统改造策略	
				历史动态数据	SSP585	历史动态数据	SSP585
1	1988	2073	砖混结构	全部进行改造	全部进行改造	全部进行改造	不进行改造
2	1998	5700	框架结构	全部进行改造	外窗进行改造	制冷系统改造	制冷系统改造
3	2004	126180	框架结构	外窗和外墙进行改造	外窗进行改造	供暖系统改造	不进行改造
4	1995	10866.32	框剪结构	外窗和外墙进行改造	外窗进行改造	不进行改造	不进行改造
5	1992	4068	框架结构	全部进行改造	全部进行改造	制冷系统改造	制冷系统改造

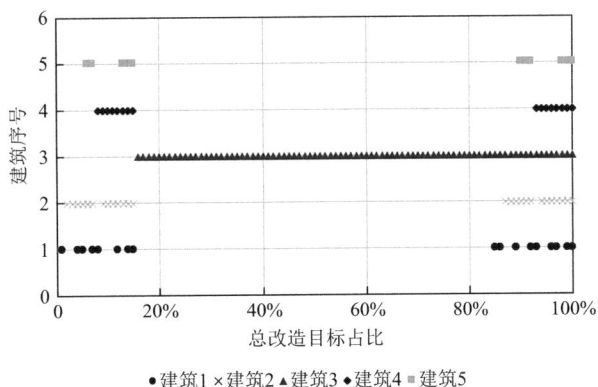

●建筑1 ×建筑2 ▲建筑3 ◆建筑4 ▪建筑5

图 6-12　考虑"气候区"的建筑组合改造规划方案

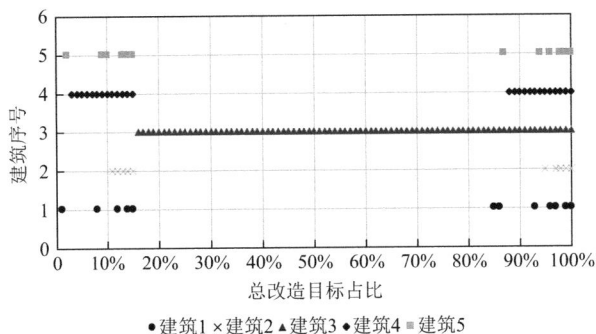

●建筑1 ×建筑2 ▲建筑3 ◆建筑4 ▪建筑5

图 6-13　考虑历史动态气温数据（1980 年）的建筑组合改造规划方案

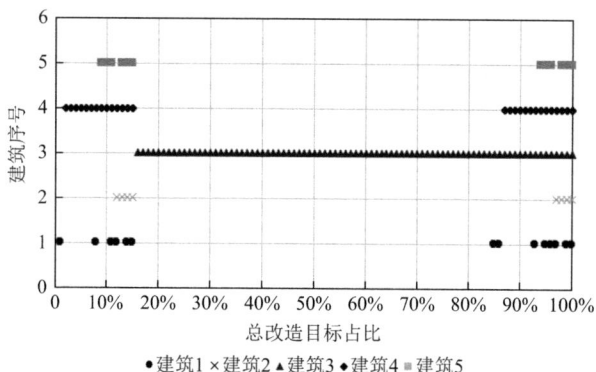

● 建筑1 × 建筑2 ▲ 建筑3 ◆ 建筑4 ■ 建筑5

图 6-14　考虑未来 SSP585 情景下的预测气温数据（2100 年）的建筑组合改造规划方案

6.3.2　可再生能源系统改造动态性决策结果

　　针对可再生能源系统，即本研究中的光伏改造决策，通过第一阶段模型输出的改造概率和相似度，结合 GIS 数据，对所构建的优化模型结果进行了进一步分析比较。最终，仅考虑气候区得到的优化解如图 6-15 所示。其中包含 17 个"理想解"，可以为决策者提供参考，包括这 17 个解中所涵盖的住宅社区以及相应的能够产生电力的光伏改造方案和所需的改造成本。

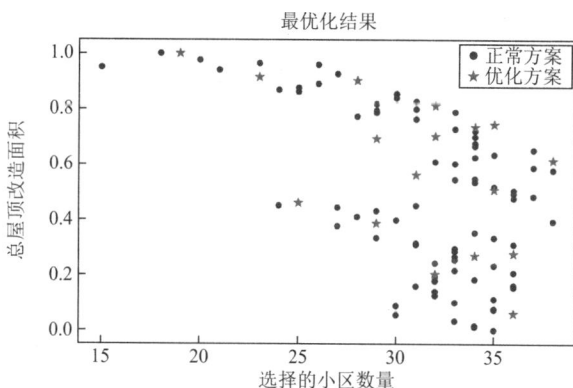

图 6-15　未考虑气候变化的优化方案

　　居住建筑光伏改造的理想解集需要一定的规模。从图中可以明显看出，不足 15 个住宅社区的情况下不存在理想解。这很可能是因为当邻里规模不大时，光伏改造的规模效应难以体现，使得这种改造可能不是最优的。然而，随着光伏改造工作的逐步推进，当达到大约 20 个住宅社区时，理想解开始出现并且数量逐渐增加。这表明，光伏改造工作需要达到一定规模才能实现成本最小化和效益最大化。优化算法与隐性知识挖掘的结合提高了决策效率。整个优化过程可以在 1.26s 内为 40 个社区的 307 栋建筑快速生成结果（处理器：Intel® Core™ i5-14600KF，3.50GHz，内存 = 32GB）。然而，使用物理建模方法对单独的建筑进行建模，平均每个模型至少需要花费几分钟或几小时，而确定第二阶段的建筑光伏改造方案需要专家进行数天甚至数月的讨论。本研究建立的模型能够在短短几秒钟内提供区域决策支持，极大地提高了效率。

本研究结合不同的气候变化数据也输出了对应的最优解，1980、2000、2020 年气候条件下对应的城市级建筑存量光伏改造最优解分别如图 6-16～图 6-18 所示。

从图 6-18 中可以看出，结合不同气候变化数据输出的最优解显示，不同气候条件对光伏改造策略有影响，1980 年最优解少于 17 个，而随着考虑气候变化因素，2020 年的最优解数量变为 22 个，而且最优解对应的方案也有所不同，这为根据不同气候情景制定针对性规划策略提供了依据。

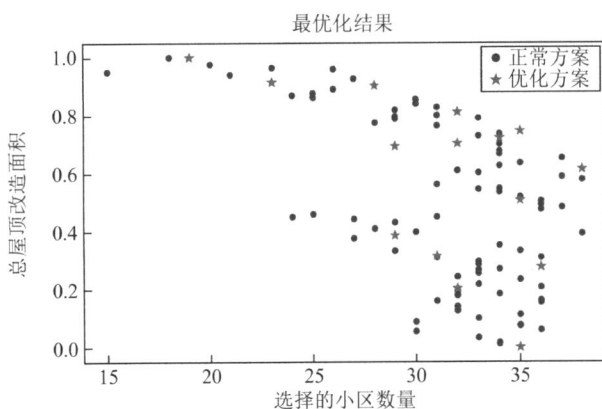

图 6-16　1980 年气候条件下的最优化光伏改造策略分布

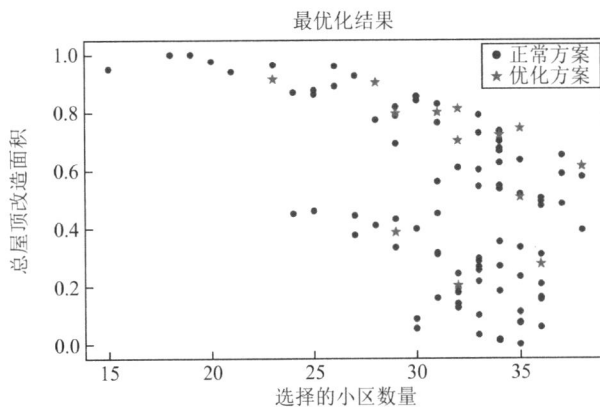

图 6-17　2020 年气候条件下的最优化光伏改造策略分布

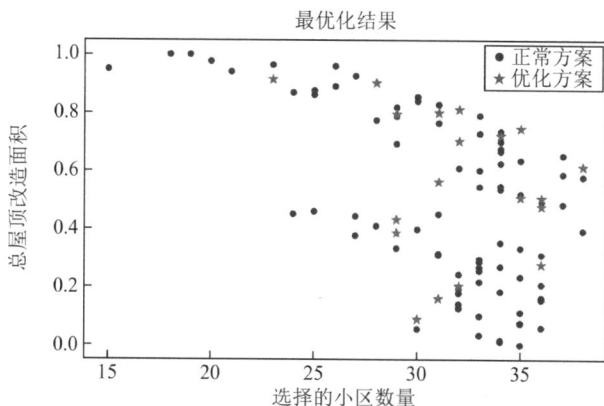

图 6-18　2020 年气候条件下的最优化光伏改造策略分布

6.4　本章小结

本章的工作及成果总结如下：

1）分析了既有建筑节能改造优秀方案案例库分布情况，针对既有建筑单体改造策略决策方法，基于典型案例分析，明确了预测结果差异产生的原因，具体包括：①不同建筑改造要求可能不同；②数据收集及预处理方法不当；③机器学习模型无法考虑详细的围护结构和 HVAC 系统结构情况。

2）对于围护结构和 HVAC 系统来说，利用 5 个建于寒冷地区的典型办公建筑作为案例组合，对于可再生能源系统来说，利用位于同一个区域的 40 个小区 307 栋建筑为例，共同验证了所构建的既有建筑组合改造规划决策方法的适用性，该方法可支持在不同改造总面积目标下，输出满足改造标准要求且改造总成本低的差异化改造规划方案。

3）针对既有建筑动态改造决策方法、既有建筑组合改造规划决策方法，基于典型案例和动静态比较分析，明确了考虑动态气候条件，不同建筑改造总面积目标下的建筑组合改造规划方案的变化情况。

第 7 章

总　　结

建筑节能改造

智能决策模型及方法研究

　　既有建筑节能改造是我国应对气候变化实现节能减排的有效途径。我国既有
建筑存量大且能耗高，改造决策需求量大。然而，既有建筑节能改造决策呈现出
经验知识驱动、多阶段递进、多重条件属性及多决策目标约束的半结构化复杂决
策问题的特征，目前尚缺乏针对上述特点的系统深入研究。本研究围绕既有建筑
节能改造决策问题特点，构建了"从单体到组合，从静态到动态"的既有建筑节
能改造智能决策模型，构建了包含 301 个既有建筑节能改造优秀案例和 167 个绿
色新建建筑优秀案例的案例库，比较分析了多种机器学习算法，提出了基于机器
学习算法的既有建筑单体改造策略决策方法，明确了以改造总面积、改造总成本
和改造标准要求等为决策目标约束的建筑组合决策框架，分别针对围护结构、
HVAC 系统以及可再生能源系统构建了协调整个建筑单体决策结果的既有建筑组
合规划决策方法；考虑既有建筑节能改造影响长周期性特点，构建了可支持动态
气温数据变化的既有建筑改造动态决策方法；基于案例库全样本的动静态比较和
典型案例分析，明确了气候变化对改造决策的影响。

7.1　主要工作

　　本研究主要开展了以下工作：

（1）既有建筑节能改造智能决策支持模型框架

　　利用文献调研，研究了既有建筑节能改造决策流程和多阶段场景递进的决策
特点，构建了"从单体到组合，从静态到动态"的既有建筑节能改造决策框架；
围绕既有建筑改造长周期性特点，提出了改造动静态决策条件属性体系，构建了
包含改造总面积目标、改造总成本及改造标准要求等的决策目标约束；分析了模
型所涉及的三个决策方法（建筑单体决策方法、建筑组合决策方法和建筑动态决
策方法）之间的关系及决策过程。

（2）基于知识挖掘的既有建筑单体改造策略决策方法

　　围绕既有建筑单体改造决策的知识需求和半结构化决策问题特点，引入了基

于人工智能的知识挖掘技术,构建了既有建筑单体改造策略决策方法;构建了301个既有建筑节能改造优秀案例和167个绿色新建建筑优秀案例的案例库,比较分析了多种机器学习分类算法,确定了有调整潜力且表现最优的算法;分析了建筑单体改造策略方法的特征重要性和样本贡献度。

(3) 基于目标决策的既有建筑组合改造规划决策方法

构建了以建筑单体改造策略为条件属性,以改造总面积目标、改造总成本以及改造标准要求等为决策目标约束的建筑组合改造规划决策框架;研究了围护结构热工性能和暖通空调能效比的标准要求,梳理总结了不同指标的计算方法和数据;提出了与建筑单体决策协调整合的建筑组合改造规划决策方法。

(4) 考虑气候变化的既有建筑改造动态决策方法

针对既有建筑改造长周期性特点,考虑了气候变化因素,构建了整合动态气温特征数据的既有建筑节能改造动态决策方法;利用已有气候变化全球数据,挖掘建立了针对中国不同城市的气候变化气温数据库,具体包括年平均气温、月均最高气温、月均最低气温以及全年温差;利用历史气温数据,分析了基于知识挖掘的建筑单体改造决策方法的稳定性;利用典型案例分析,研究分析了气候变化对既有建筑节能改造决策的影响。

(5) 既有建筑节能改造决策模型验证

基于案例库全样本数据和典型案例分析,研究了所建立的可支持建筑单体改造策略决策方法的决策有效性和差异原因;确定了位于同一气候区、同一建筑类型的多栋建筑为建筑组合验证案例,分析了针对不同建筑改造总面积目标下的建筑改造规划方案;基于动静态比较分析,研究了气候变化对建筑组合改造规划方案的影响。

7.2 研究创新点

1) 针对既有建筑节能改造多阶段决策过程特征和半结构化决策问题的科学属性,基于知识挖掘的智能决策方法,构建了"从单体到组合,从静态到动态"

的既有建筑节能改造智能决策模型，明确了包含动静态条件属性及决策目标系统的决策要素构成。

2）针对建筑单体改造特定的知识需求和条件属性特征，构建了包含301个优秀既有建筑节能改造方案案例库，提出了基于XGboost知识挖掘算法的建筑单体围护结构以及HVAC系统改造方案决策方法，以及基于CBR的建筑单体可再生能源系统的改造决策方法，在较大程度上可支持优秀的案例经验知识与决策变量之间的匹配。

3）针对建筑组合改造规划决策多个目标优化问题的科学属性，构建了以建筑单体改造策略为条件变量，以改造总面积、改造总成本及改造标准等为决策目标约束的既有建筑组合决策框架，提出了与单体决策协调整合的可支持建筑组合改造规划决策方法。

4）针对既有建筑改造影响的长周期性特点，提出了可支持气温特征数据变化的既有建筑动态决策方法，明确了气候变化对决策的影响，实现了既有建筑改造决策方法"从静态到动态"的拓展深化，为适应气候变化的改造措施制定提供了方法参考。

7.3 局限性及展望

（1）决策目标和条件属性的考虑有待完善

本研究针对既有建筑节能改造多阶段场景递进的复杂决策特征，构建了整合协调建筑单体改造策略决策方法、建筑组合改造规划决策方法和建筑改造动态决策方法的智能决策模型。其中，针对建筑组合改造规划决策，除了本研究所构建的环境性和经济性目标等客观性指标外，还要注意既有建筑节能改造决策中存在的决策者偏好等感性决策相关指标。本研究尚未充分考虑决策者个人主观偏好等因素对决策结果的影响，未来研究可以尝试利用人机对话等方式将这些因素纳入决策考虑。此外，针对建筑单体改造策略决策，本研究考虑了建筑相关决策条件属性，未来研究可根据所收集案例描述的详尽程度，尝试考虑更多的经济性以及改造特殊要求等决策条件属性。

（2）更多动态影响因素有待考虑

本研究针对既有建筑节能改造长周期性特点，尝试考虑气候变化因素，通过使用动态气温特征数据构建了既有建筑节能改造动态决策方法。然而，既有建筑节能改造的决策还受到其他动态因素的影响，比如建筑使用者行为等。由于这些因素目前无法进行客观预测，本研究尚未对其进行考虑。未来的研究可以尝试考虑建筑使用者行为等动态因素，以更全面地构建既有建筑节能改造的动态决策模型。

（3）既有建筑节能改造智能决策模型对复杂建筑和新技术的应用有待加强

本研究利用案例集全样本数据对既有建筑单体改造策略决策方法和既有建筑动态改造决策方法进行了验证。此外，本研究基于寒冷地区案例组合的节能改造决策应用表明了所建立的建筑组合改造规划决策方法可支持差异化改造规划方案的制定。然而，在实践中，建筑改造规划方案的确定可能涉及建筑数量大且类型繁多的建筑组合，随着既有建筑节能改造优秀方案案例库的扩充，未来可以尝试选择涵盖更多不同类型、不同气候区的建筑组合进行模型应用，以进一步验证所提出的决策方法的适用性和有效性。此外，本研究主要聚焦于围护结构、HVAC 系统改造以及可再生能源系统中的光伏改造，未来应考虑更多的清洁能源等新技术的应用。

参考文献

[1] 江亿, 胡姗. 中国建筑部门实现碳中和的路径[J]. 暖通空调, 2021, 51(5): 1-13.

[2] 中国统计年鉴编委会. 中国统计年鉴[M]. 北京: 中国统计出版社, 2024.

[3] 倪虹. 开创城市高质量发展新局面[EB/OL]. (2023-10-16)[2025-3-13].

[4] Clara Camarasa, Érika Mata, Juan Pablo Jiménez Navarro, et al. A global comparison of building decarbonization scenarios by 2050 towards 1.5-2 C targets[J]. Nature Communications, 2022, 13(1): 3077.

[5] 中国建筑节能协会建筑能耗与碳排放数据专委会. 中国城乡建设领域碳排放研究报告（2024 年）[R]. 重庆, 2024.

[6] 庄惟敏, 刘加平, 王建国, 等. 建筑碳中和的关键前沿基础科学问题[J]. 中国科学基金, 2023, 37(3): 348-352.

[7] 刘晓华, 张涛, 刘效辰, 等. 面向双碳目标的建筑能源系统再认识[J]. 力学学报, 2023, 55(3): 699-709.

[8] 冷红, 宋世一. 城市尺度建筑节能规划的国际经验及启示[J]. 国际城市规划, 2020, 35(3): 103-112.

[9] 住房城乡建设部. 住房和城乡建设部关于印发"十四五"建筑节能与绿色建筑发展规划的通知[EB/OL]. (2022-3-1)[2025-3-13].

[10] 国管局发展改革委. 国家机关事务管理局 国家发展和改革委员会关于印发"十四五"公共机构节约能源资源工作规划的通知[EB/OL]. (2021-6-1)[2025-3-13].

[11] Yannis Merlet, Simon Rouchier, Arnaud Jay, et al. Integration of phasing on multi-objective optimization of building stock energy retrofit[J]. Energy and Buildings, 2022, 257: 111776.

[12] Matheus Soares Geraldi, Enedir Ghisi. Building-level and stock-level in contrast: A literature review of the energy performance of buildings during the operational stage[J]. Energy and Buildings, 2020, 211: 109810.

[13] 住房和城乡建设部. 系统·适宜·平衡城市既有居住建筑节能改造规划方法与实践[M]. 北京: 中国建筑工业出版社, 2011.

[14] Nima Pourkhodabakhsh, Mobina Mousapour Mamoudan, Ali Bozorgi-Amiri. Effective machine learning, Meta-heuristic algorithms and multi-criteria decision making to minimizing human resource turnover[J]. Applied Intelligence, 2023, 53(12): 16309-16331.

[15] Marco Grassia, Manlio De Domenico, Giuseppe Mangioni. Machine learning dismantling and early-warning signals of disintegration in complex systems[J]. Nature Communications, 2021, 12(1): 5190.

[16] Dounia El Bourakadi, Ali Yahyaouy, Jaouad Boumhidi. Intelligent energy management for micro-grid based on deep learning LSTM prediction model and fuzzy decision-making[J]. Sustainable Computing: Informatics and Systems, 2022, 35: 100709.

[17] Vinay Singh, Shiuann-Shuoh Chen, Minal Singhania, et al. How are reinforcement learning and deep learning algorithms used for big data based decision making in financial industries—A review and research agenda[J]. International Journal of Information Management Data Insights, 2022, 2(2): 100094.

[18] 盛昭瀚, 梁茹. 基于复杂系统管理的重大工程核心决策范式研究——以我国典型长大桥梁工程决策为例[J]. 管理世界, 2022, 38(3): 200-212.

[19] 王红卫, 钟波涛, 李永奎, 等. 大型复杂工程智能建造与运维的管理理论和方法[J]. 管理科学, 2022, 35(1): 55-59.

[20] 刘诗炎, 曾冠文, 眭少博, 等. 复杂性视角下的城市交通系统健康管理理论及研究进展[J]. 中国管理科学, 2025, 33(1): 182-194.

[21] Yu Zheng, Qianyue Hao, Jingwei Wang, et al. A survey of machine learning for urban decision making: Applications in planning, transportation, and healthcare[J]. ACM Computing Surveys, 2024, 57(4): 1-41.

[22] Rajalakshmi Selvaraj, Venu Madhav Kuthadi, S Baskar. Smart building energy management and monitoring system based on artificial intelligence in smart city[J]. Sustainable Energy Technologies and Assessments, 2023, 56: 103090.

[23] Yan Wang, Giorgos Petrou, Phil Symonds, et al. Investigating the impacts of home energy retrofit on the indoor environment through co-simulation: A UK case study[J]. Journal of Building Engineering, 2025, 100: 111794.

[24] Ashkan Entezari, Alireza Aslani, Rahim Zahedi, et al. Artificial intelligence and machine learning in energy systems: A bibliographic perspective[J]. Energy Strategy Reviews, 2023, 45: 101017.

[25] Dingyuan Ma, Xiaodong Li, Borong Lin, et al. A dynamic intelligent building retrofit decision-making model in response to climate change[J]. Energy and buildings, 2023, 284: 112832.

[26] Dingyuan Ma, Xiaodong Li, Borong Lin, et al. An intelligent retrofit decision-making model for building program planning considering tacit knowledge and multiple objectives[J]. Energy, 2023, 263: 125704.

[27] Usman Ali, Sobia Bano, Mohammad Haris Shamsi, et al. Urban building energy performance prediction and retrofit analysis using data-driven machine learning approach[J]. Energy and Buildings, 2024, 303: 113768.

[28] Hongyu Chen, Geoffrey Qiping Shen, Zongbao Feng, et al. Optimization of energy-saving retrofit solutions for existing buildings: A multidimensional data fusion approach[J]. Renewable and Sustainable Energy Reviews, 2024, 201: 114630.

[29] Santhan Reddy Penaka, Kailun Feng, Thomas Olofsson, et al. Improved energy retrofit decision making through enhanced bottom-up building stock modelling[J]. Energy and Buildings, 2024, 318: 114492.

[30] Marco Savino Piscitelli, Giuseppe Razzano, Giacomo Buscemi, et al. An interpretable data analytics-based energy benchmarking process for supporting retrofit decisions in large residential building stocks[J]. Energy and Buildings, 2025, 328: 115115.

[31] Suziee Sukarti, Mohamad Fani Sulaima, Aida Fazliana Abdul Kadir, et al. Advancing industrial building energy measurement and verification (M&V) with deep learning: Evaluating data size and feature selection impact[J]. Energy and Buildings, 2024, 319: 114457.

[32] Arunim Anand, Chirag Deb. The potential of remote sensing and GIS in urban building energy modelling[J]. Energy and Built Environment, 2024, 5(6): 957-969.

[33] Minghao Liu, Zhonghua Gou. A regional domestic energy consumption model based on LoD1 to assess energy-saving potential[J]. Advanced Engineering Informatics, 2025, 65: 103247.

[34] 马丁媛, 李怡心, 李小冬. 基于经验知识的建筑节能方案智能决策模型[J]. 清华大学学报（自然科学版）, 2025, 65(1): 53-61.